AF349188

סוד הנחש

EL SECRETO DE LA SERPIENTE

ספר החשמל

EL LIBRO DEL *HASHMAL*

RABBÍ IOSEF GIKATILLA

סוד הנחש

EL SECRETO DE LA SERPIENTE

ספר החשמל

EL LIBRO DEL *HASHMAL*

EDICIONES OBELISCO

Si este libro le ha interesado y desea que le mantengamos informado de nuestras publicaciones, escríbanos indicándonos qué temas son de su interés (Astrología, Autoayuda, Psicología, Judaísmo, Medicianas alternativas, Espiritualidad, Tradición…) y gustosamente le complaceremos.

Puede consultar nuestro catálogo en www.edicionesobelisco.com

Colección Càbala y judaísmo
EL SECRETO DEL LA SERPIENTE
EL LIBRO DEL HASHMAL
Rabbí Iosef Gikatilla

1.ª edición: febrero de 2023
2.ª edición: noviembre de 2025

Título original: *Sod haNajash y Sefer haHashmal*

Traducción: *Juli Peradejordi*
Maquetación: *Carol Briceño*
Diseño de cubierta: *Isabel Estrada*

© 2023, Ediciones Obelisco, S. L.
(Reservados los derechos para la presente edición)

Edita: Ediciones Obelisco, S. L.
Collita, 23-25. Pol. Ind. Molí de la Bastida
08191 Rubí - Barcelona - España
Tel. 93 309 85 25
E-mail: info@edicionesobelisco.com

ISBN: 978-84-9111-966-1
Depósito Legal: B-1.756-2023

Impreso en los talleres gráficos de Romanyà/Valls S. A.
Verdaguer, 1 - 08786 Capellades - Barcelona

Printed in Spain

Reservados todos los derechos. Ninguna parte de esta publicación, incluido el diseño de la cubierta, puede ser reproducida, almacenada, transmitida o utilizada en manera alguna por ningún medio, ya sea electrónico, químico, mecánico, óptico, de grabación o electrográfico, sin el previo consentimiento por escrito del editor. Diríjase a CEDRO (Centro Español de Derechos Reprográficos, www.cedro.org) si necesita fotocopiar o escanear algún fragmento de esta obra.

PRÓLOGO

Rabbí Iosef Gikatilla, conocido sobre todo por sus *Sha-arei Orah* o *Puertas de la luz*[1] y por su *Ginat Egoz* o *Jardín de nogal*, nos ha dejado dos pequeños tratados no exentos de interés cuya redacción es a veces muy diferente (en realidad a menudo no parecen redactados por un mismo autor o al menos escritos en la misma época), uno dedicado al *Najash* (נחש), la serpiente, y otro al *Hashmal* (חשמל), palabra que se suele traducir por «ámbar» pero que actualmente se traduce como «electricidad», palabra derivada de *Electrum,* que es en realidad uno de los grandes misterios de la cábala, como por otra parte también lo es el *Najash*.

Cuando durante el confinamiento del 2020 traduje para uso personal estos dos tratados, no sospeché en ningún momento que ambos hacían alusión a uno de

---

1. Una traducción española de esta obra fundamental de la cábala está publicada en la misma colección, Barcelona, julio de 2023

los grandes secretos de la cábala. Tampoco me di cuenta de que en realidad eran complementarios. Fue mucho más tarde, mientras los releía, cuando me percaté de que el *Sod haNajash* y el *Sefer haHashmal* se refieren en realidad un mismo *Sod*, un mismo misterio. Debo aprovechar aquí para agradecer a mi buena amiga Nilly Schorr su generosidad, su paciencia y su tiempo ayudándome a revisar esta traducción.

El término *Hashmal* (חשמל) es harto misterioso y ha sido objeto de un buen número de interpretaciones. Como veremos más adelante con la que proponemos, estaría muy relacionado con el *Najash* (נחש), la serpiente. Si bien el primero es el tema central del *Maasé Merkava* (מעשה מרכבה), el segundo lo es del *Maasé Bereshit* (מעשה בראשית).

El *Najash* (נחש), la serpiente, se refiere la serpiente del *Génesis*, aquella que, según el relato bíblico, provocaría la caída y el exilio de nuestros primeros padres; el *Hashmal* (חשמל) a la famosa visión de *Ezequiel* (I-4). *Maasé Bereshit* (מעשה בראשית) y *Maasé Merkavah* (מעשה מרכבה), la «Obra de *Bereshit*» y la «Obra del Carro» son los dos grandes temas de la cábala. Sabemos, por el *Midrash*, que la serpiente que engañó a Eva tenía patas, podía hablar y su apariencia era como la de un camello.

Leemos en el *Midrash Rabbah* (19,1):

«Se enseñó en nombre de Rabbí Meir: conforme a la grandeza de la serpiente fue su caída: el animal más astuto de todos, el más maldito de todos [...] Rabbí Hosaiah el Anciano dijo: se mantenía erguido como una caña, y tenía patas. Rabbí Jeremías Eleazar dijo: era un escéptico. Rabbí Shimon ben Eleazar dijo: era como un camello. De un gran bien quedó privado el mundo, pues de no haber sucedido así, el hombre se habría servido de él para enviar sus mercancías, confiado en que iría y volvería».

El Rav Ginzburgh, retomando la tradición talmúdica, hace derivar la palabra *Hashmal* (חשמל) de *Jash* (חש) «secreto», «silencio» y de *Mal* (מל), «palabra». Así, *Hashmal* (חשמל) sería una especie de «silencio-palabra», «palabra silenciosa» o «silencio parlante». Esta interpretación siempre nos ha parecido un poco forzada pues en realidad deberíamos hablar de *Jashah* (חשה) y *Milah* (מילה), que más que «palabra» sería «circuncisión».[2] Sin embargo, esta interpretación es la que adoptan la mayoría de autores y conviene tenerla en cuenta. El texto clásico del Talmud (*Jaguigah* 13b) habla de *Jaiot Esh Memalelot* (חיות אש ממללות), «criaturas de fuego que hablan». La *Jet* (ח) de *Jaiot* (חיות) junto con la *Shin* (ש) de *Esh* (אש) y *Mem Lamed* (ל) de *Memalelot* (ממללות), forman la palabra *Hashmal* (חשמל), como nos descubren los cabalistas.

---

2. Así lo interpreta el gran cabalista Isaac Luria.

Ratzo veShov

El carácter dual o «alternante» del *Hashmal* (חשמל) nos lo delata también la expresión *Ratzo veShov* (ושוב רצוא) que aparece en *Ezequiel* (I-14), expresión cuya guematria, 611, coincide con la de *Torah*.

Ratzo veShov (רצוא ושוב) se suele traducir como «iban y venían». Curiosamente, si dividimos *Hashmal* (חשמל) en *Jash* (חש) y *Mal* (מל), y calculamos las guematrias de estos dos términos, *Mal* (מל) nos arroja 70, la guematria de *Sod* (סוד), «secreto» y *Jash* (חש) 308, la guematria de *Shov* (שוב). Así, el *Hashmal* (חשמל) evocaría el secreto del regreso: el regreso al *Gan Eden*, la *Teshuvah*, etc. Con todo, no ha faltado quien ha visto en el *Ratzo veShov* (רצוא ושוב) una prefiguración de la corriente alterna.

El secreto del Eterno

Leemos en el libro de los *Salmos* (XXV-14) que:

סוד יהוה, ליראיו

«el secreto del Eterno es para los que le temen».

Muchos son los autores que han debatido a propósito de este misterioso secreto, a veces de una manera que no resulta muy convincente, pero en un antiguo texto cabalístico medieval atribuido a Rabbí Jamai hemos encontrado una que nos parece más certera (o al menos más original) que las demás.

Rabbí Jamai explica que el secreto del Eterno es el *Hashmal*. Para llegar a esta conclusión, asocia la palabra *Hashmal* con *Hish* (חיש) «rápido» y *Mal* (מל), «palabra», cuya guematria es 70, como la de *Sod* (סוד), «secreto».

En este texto también podemos leer:

«Has de saber que cuando las setenta y dos letras fueron creadas, el *Hashmal* se formó como una vestimenta para ellas. Está envuelto en ellas y ellas están envueltas el él. Todas están incluidas en *Hashmal*, y *Hashmal* está incluido en todas ellas».

Y más adelante:

«Además, *Hashmal* es un acrónimo: *Jet* (ח), *Jojmah* (sabiduría), *Shin* (ש), *Shalom* (paz), *Mem* (מ) *Meshel* (dominio); *Lamed* (ל) *Levush* (vestimenta).

La sabiduría (חכמה), como está escrito:

והחכמה, מאין תמצא

«Y la sabiduría será traída de la nada» (*Job* XXVIII- 12).

La paz (שלום), como está escrito:

עשה שלום, במרומיו

«Él hace la paz en Sus regiones exaltadas» (*Job* XXV-2).

El dominio (משל), como está escrito:

המשל ופחד עמו

«El dominio y el temor están con Él» (*Job* XXV-2).

La vestimenta (לבש), como está escrito:

הוד והדר לבשת

«Vestido de gloria y esplendor « (*Salmos* CIV-1).

Así nuestros sabios, de bendita memoria, han escrito en *Jaguigah*, que *Hashmal* representa 338 tipos de luces. La más pequeña de todas ellas es como el resplandor que está descrito en el libro *La Fuente de la Sabiduría*».

La idea de *Hashmal* como vestido la reencontraremos en otros textos cabalísticos como el *Shaar haKavanot* o el *Sefer Pri Ezt haJaim*, que hacen hincapié en la guematria de *Hashmal*, 378, y la hacen corresponder a la de *Malbush* (מלבוש), «atuendo», «vestido».

En otro importante texto medieval, las *Hejalot Rabbati* (26), podemos leer:

«Vi como un silencio que hablaba (*Hashmal*). Esto prueba al individuo y determina si es o no digno de bajar a la *Merkavah*: si el individuo es digno de bajar a la *Merkavah*, le proponen que entre. Si no entra, se lo proponen nuevamente. Entonces entra inmediatamente. Lo alaban y dicen: se ha convertido en un *Iordei Merkavah*. Pero si el individuo no es digno de bajar a la *Merkavah*, no le dejan entrar. Si intenta hacerlo le arrojan inmediatamente miles de hachas de acero».

La Luz del Rostro

Según el *Sefer Ietzirah*,[3] el *Hashmal* (חשמל) es la luz que oscila entre *Jojmah* y *Binah*. Para algunos cabalistas sería como una barrera que impide que el mal entre en el dominio de la santidad, representado por *Keter*, como una espada de fuego que ahuyenta a los espíritus malignos.

Los cabalistas han interpretado *Hash* (חש) como «silencio» y *Mal* (מל) como «palabra», porque asociaban el silencio con la sefirah *Jojmah* y la palabra con la sefirah *Binah*. La ida y venida de la luz o de la consciencia entre estas dos sefiroth está representada por el *Ratzó veShov* (רצוא ושוב) de que nos hablan el libro de *Ezequiel* o el *Sefer Yetzirah* (I-6).[4] Su unión hace aparecer a la sefirah *Daat* «conocimiento» que relacionan con la nuca.

Para el Talmud (*Jaguigah* 13b):

> «A veces callan; a veces hablan. Cuando el discurso divino emerge de la boca del Santo, bendito sea, callan; y cuando el discurso divino no emerge de la boca del Santo, bendito sea, hablan».

---

3. Véase nuestra edición, *El libro de la Formación*, comentarios de Najmánides de Girona, Ediciones Obelisco, pág. 50, Barcelona, 2013.

4. Véase *El libro de la Formación*, *Op. Cit.* pág. 46, Barcelona, 2013.

En el Zohar (II-247a)[5] el *Hashmal* es una alusión a la luz del rostro de Dios. Como nos enseña Isaac Luria, si calculamos la guematria de *Or Pnei El* (אור פני אל), «luz del rostro de Dios», obtenemos 378, que es la guematria de *Hashmal* (חשמל):

$$ח = 8$$
$$ש = 300$$
$$מ = 40$$
$$ל = 30$$

$$378$$

$$אור = 207$$
$$פני = 140$$
$$אל = 31$$

$$378$$

Este importante cabalista nos sugiere también que el *Hashmal* corresponde a 6 veces al nombre de Dios. Para entender esta aseveración, hemos de desarrollar el Nombre de Dios de la siguiente manera (יו"ד ה"י וא"ו ה"י), lo que en el lenguaje cabalístico se conoce como *Sag* (סג):

Iod = *Iod* (10) *Vav* (6) *Dalet* (4)

---

5. Véase nuestra edición, El Zohar vol. XVII, pág. 57, Ediciones Obelisco, Barcelona, 2014.

He = He (5) *Iod* (10)
Vav = Vav (6) *Alef* (1) *Vav* (6)
He = He (5) *Iod* (10)

Sumando todos estos valores, obtenemos 63. Si multiplicamos 63 por 6, obtenemos 378.

En su comentario a la parashah de *Pekudei*, el conocido cabalista Rabbí Jacob Abujatzira nos enseña que el *Hashmal* (חשמל) corresponde a la Gloria de su nombre, ya que la guematria de *Kavod Shemo* (כבוד שמו) «gloria de su nombre» es también 378.

Los sabios también relacionan el número 378 con el 27, ya que 378 es el número piramidal o secreto del 27 (la suma de 1 + 2 + 3, etc. hasta llegar a 27), que corresponde a las 27 letras (contando las finales) que aparecen en la *Torah*, según el libro *Shaar haPasukim*.

La contemplación pura de estas letras de la *Torah* coincidiría con la visión del *Hashmal*, ya que la *Torah* también es un *Pardes*. Eleazar de Worms explica el *Hashmal* (חשמל) «es el ser más cercano a la *Merkavah* y la conduce», apoyándose en que que la guematria de *Hashmal* (חשמל) coincide con la de *Molij haMerkavah* (מולך המרכהב), «el que conduce la *Merkavah*»:

מולך = 96
המרכהב = 272
____

378

Maasé Bereshit y Maasé Merkavah

Si bien es cierto que la *Torah* comienza con *Bereshit,* o sea con la *Maasé Bereshit* (מעשה בראשית), la obra de la creación, también lo es que culmina con la parashah *VeZoth haBerajah* (וזאת הברכה). ¿Cómo podemos relacionar esta parashah con *Maasé Bereshit* (מעשה בראשית) y *Maasé Merkavah* (מעשה מרכבה)? La guematria nos lo enseña: si le restamos el valor numérico de *Maasé Merkavah* (מעשה מרכבה), 682, al de *Maasé Bereshit* (מעשה), 1328, obtenemos 646, la guematria de *VeZoth haBerajah* (וזאת הברכה).

$$מעשה = 415$$
$$בראשית = 913$$

$$1328$$

$$מעשה = 415$$
$$מרכבה = 267$$

$$682$$

$$וזאת = 414$$
$$הברכה = 232$$

$$646$$

De algún modo podemos concluir que el objeto de *Maasé Bereshit* (מעשה בראשית) es el hombre, pero que al primer hombre le faltaba *Zoth* (זאת). Entregándosela, la mujer, denominada *Zoth* (זאת) en los textos cabalísticos, se convirtió una bendición para él, y esta bendición que recibió Adán es la misma con la que Moisés bendeciría a los hijos de Israel.

Por otra parte, en el relato de *Maasé Bereshit* (מעשה בראשית) aparecen dos árboles, el de la Vida y el del Conocimiento del Bien y del Mal. Estos dos árboles son en hebreo *Etz haJaim veEtz haDaat* (עץ החיים ועץ הדעת). Cuando calculamos la guematria *Atbash* de esta expresión nos encontramos con que es 542:

$$עץ = 12$$
$$החיים = 240$$
$$ועץ = 92$$
$$הדעת = 198$$

$$542$$

Curiosamente se trata también de la guematria *Atbash* de *Maasé Merkavah* (מעשה מרכבה):

$$מעשה = 109$$
$$הדעת = 433$$

$$542$$

Pero si calculamos la guematria *Raguil* de *Etz haJaim veEtz haDaat* (עץ החיים ועץ הדעת), «Árbol de la Vida y Árbol del Conocimiento», vemos que es 878:

$$עץ = 160$$
$$החיים = 73$$
$$ועץ = 166$$
$$הדעת = 479$$

$$878$$

Los sabios nos enseñan que se trata de la guematria *Millui* de *Mashiaj* (משיח):

$$מ = 80$$
$$ש = 360$$
$$י = 20$$
$$ח = 418$$

$$878$$

La guematria de *Najash* (נחש), la serpiente, es 358; la de *Hashmal* (חשמל) 378. Si calculamos cuál sería la guematria de *KeNajash* (כנחש), «como la serpiente», nos llevamos la agradable sorpresa de que también es 378. *Hashmal* (חשמל) y *Najash* (נחש) aluden en realidad a un mismo misterio.

Apoyándose también en el Talmud, Maimónides, en su *Guía de Perplejos o Descarriados* (III-7),[6] nos ofrece una explicación de la palabra *Hashmal* (חשמל):

> «…encierra las dos ideas de palabra y silencio, conforme al dicho de los sabios: «A veces callan, y a veces hablan», derivando de tal manera la palabra *Jash* de la misma raíz que *Jeheshethi*, «yo he estado silencioso» (*Isaías* XLII-14); de donde *Hashmal* (חשמל) indica «palabra sin sonido»».

El *Hashmal* (חשמל) representa ese estado interno de paz en el que silencio y palabra están unidos, en que lo inconsciente y lo consciente convergen. Sin duda el *Hashmal* (חשמל) no era un misterio ajeno a Rabí Akiva, que fue el único de los cuatro sabios que pudo entrar y salir «en paz», *BeShalom* (בשלום) del *Pardes*.

Uno de los temas más apasionantes de todo el Talmud, es la historia de los cuatro sabios que entran en el *Pardes*, en el paraíso. Varios importantes textos cabalísticos, además del Talmud (*Jaguigah* 14b), como el Zohar (I-26 b) o los *Tikkunei haZohar* (*Tikún* 40) nos relatan esta curiosa historia. Se trataba de Rabbí Akiva, de Ben Soma, de Ben Azzai y de Elisha Ben Abuya, llamado Ajer.

---

6. Véase Maimónides, *Guía de perplejos o descarriados*, pág. 223 de nuestra edición, Ediciones Obelisco, 3.ª edición, febrero de 2008.

El Talmud nos dirá que:

> Ben Azzai vio y murió.
> Ben Soma vio y se volvió loco;
> Ben Abuya vio y se hizo apóstata;
> sólo Rabí Akiva entró en paz y salió en paz.

La guematria de *BeShalom* (בשלום), «en paz» es la misma que la de *Hashmal* (חשמל).

$$\begin{aligned}
ב &= 2 \\
ש &= 300 \\
ל &= 30 \\
ו &= 6 \\
מ &= 40 \\
\hline
&378
\end{aligned}$$

$$\begin{aligned}
ח &= 8 \\
ש &= 300 \\
מ &= 40 \\
ל &= 30 \\
\hline
&378
\end{aligned}$$

La serpiente del paraíso

La serpiente irrumpe en la escena de la creación en el capítulo III del libro del *Génesis*. Lo primero que se dice de ella es lo siguiente:

והנחש, היה ערום, מכל חית השדה

«La serpiente era más astuta que cualquier otra bestia del campo».

La palabra que la *Torah* utiliza para decir «astuta», *Arum* (ערום), procede de la raíz *Aram* (ערם), «ser astuto», «ser malicioso», pero esta raíz también significa «desvestir», «desnudar». Esto ocurre en el versículo primero del tercer capítulo de *Génesis*, y en el décimo versículo Adán y Eva se dan cuenta de que están desnudos:

ואירא כי-עירם אנכי

«Y vi que estaba desnudo».

Vemos lo astuta que era la serpiente en el hecho de que hizo creer a Adán y Eva que comer del fruto prohibido era lo correcto. Pero, ¿quién estaba detrás o por encima de la serpiente? Comentando el *Midrash Rabbah* (20:1) el sabio Etz Iosef escribe:

«El Ietzer haRa *cabalgaba sobre la serpiente para hacerla responsable de la caída de Adán y Eva».*

Hablando de la serpiente, el Zohar (I-35b) va a decirnos prácticamente lo mismo:

«Rabí Itzjak dijo y enseñó: es la Mala Inclinación (*Ietzer haRa*)»

Los sabios sostienen que hay una conexión significativa entre la serpiente y el Mesías. Para muchos esta idea es simplemente repugnante ya que el Mesías es precisamente la antítesis de la serpiente. El Jazal se apoya en que la primera vez que aparece la palabra «serpiente» en la *Torah*, en *Génesis* (III-1), indica el principio del exilio, y que el final lo marcará el Mesías.

Señalemos que si bien originariamente la serpiente tenía patas,[7] en un momento dado las pierde y es obligada a arrastrarse, a reptar, *Tzajal* (זחל). En *Génesis* (III-14) Dios le dice:

על-גחנך תלך

«te arrastrarás sobre tu vientre».

Desde que pierde sus piernas, la serpiente encarna a la mentira que, como se suele decir «no tiene patas». También se vuelve muda, *Elem* (אלם),[8] palabra que tiene la

---

7. Véase Zohar (I-35), pág. 63 del volumen II de nuestra edición, Barcelona, 2007.

8. Señalemos la curiosa relación entre las piernas y el habla. Los sacerdotes no podían ser ni cojos ni mudos, y todavía actualmente, en algunas sociedades secretas, no les está permitida la entrada ni a los cojos ni a los mudos. El origen de esta costumbre probablemente se encuentre en *Deuteronomio* (XV-21).

misma guematria que *Al Guejonja Tejla* (על-גחנך תלך), «te arrastrarás sobre tu vientre».

Los comentaristas nos han dejado la siguiente exégesis de *Génesis* (XLIV-15):

הלוא ידעתם, כי-נחש ינחש איש אשר כמני.

«¿Acaso no os sabéis de que un hombre como yo practica la adivinación?».

La palabra «adivinación» es, en hebreo *Najesh* (נחש), que se escribe como *Najash* (נחש), «serpiente».

Si tomamos la última palabra del versículo, *Kamoni* (כמני) y extraemos la tercera letra comenzando por el final, vemos que es la *Mem* (מ). Si hacemos los mismo con la palabra anterior, *Asher* (אשר), nos encontramos con la *Shin* (ש), hagamos lo mismo con la anterior, *Ish* (איש)), tenemos la Iod (י) y hacemos lo mismo con la otra *Enajesh* (ינחש), tendremos a la *Jet* (ח). Juntando estas letras en este orden obtenemos *Mashiaj* (משיח), «Mesías».

Pero lo más sorprendente ocurre cuando calculamos la guematria de *Ish Asher Kamoji* (איש אשר כמני), «un hombre como yo». Se trata de la misma que la de *Etz haDaat Tov veRa* (עץ הדעת טוב ורע), «Árbol del Conocimiento del Bien y del Mal».

$$עץ = 160$$
$$הדעת = 479$$
$$טוב = 17$$
$$ורע = 276$$

$$932$$

$$איש = 311$$
$$אשר = 501$$
$$כמני = 120$$

$$932$$

Este número también es la guematria *Shemi* o completa de *Hashmal* (חשמל):

$$ח = 418$$
$$ש = 360$$
$$מ = 80$$
$$ל = 74$$

$$932$$

Veamos, a modo de propuesta, otra posible interpretación. Según *Génesis Rabbah* (19,1) la serpiente, el *Najash* (נחש), era como un camello, *Gamal* (גמל). Aunque ambos animales son muy diferentes, sobre todo en su tamaño, si nos fijamos un poco, veremos que la forma sinuosa de las jorobas del camello podría recordar a las de la serpiente. Todo esto aludiría a misterios sexuales. La serpiente, el *Najash* (נחש), es en hebreo masculino, de ahí que la Biblia de Ferrara lo traduzca como «el culebro», y tanto las serpientes como los camellos aluden simbólicamente al miembro viril.

A raíz de la caída, como nos enseña el Zohar (I-36b),[9] Adán y Eva perdieron sus vestiduras de luz y tuvieron que cubrirse con vestiduras de piel. Rabbí Eliezer[10] sostiene que Dios los cubrió con vestiduras «de piel de serpiente»:

«De la piel que se desnudó la serpiente hizo el Santo, bendito sea, unas túnicas de gloria para Adán y su ayuda, como esta dicho: «Hizo YHWH Dios para el hombre y para su ayuda unas túnicas de piel y los vistió» (*Génesis* III-21)».

Las palabras hebreas para referirse a la luz y a la piel difieren sólo en una letra. *Or* (אור), «luz» se escribe con *Alef* (א), la letra de la unidad, y *Or* (עור) «piel», se escribe con *Ayin* (ע), la letra de la multiplicidad. Dado que el valor numérico de *Ayin* (ע) es 70 y el de *Alef* (א) es 1, la diferencia entre ambas es 69, que en hebreo se escribe *Samej Tet* (סט), que significa «descarriarse». Por otra

---

9. Véase Zohar (I-35), pág. 83 del volumen II de nuestra edición, Barcelona, 2007.
10. *Pirkei de Rabbi Eliezer* (XX-1).

parte, el Ben Ish Jai nos descubre que 69 es la guematria de *Iagon* (יגון), «dolor».

Isaac Luria escribió en su *Etz Jaim* (*Shaar* 106, *Amud* 4) que «cuando *Adam haRishon* transgredió, perdió las vestiduras de *Hashmal,* que son 378 luces». La guematria de *Hashmal* (חשמל) es exactamente 378». La guematria de *KeNajash* (כנחש), «como la serpiente», también es 378.

El sabio Ben Ish Jai sostenía que la serpiente tenía celos de Adán antes de su transgresión, y lo provocó para hacer que pecara ya que estaba celosa de sus vestiduras de gloria porque la serpiente era *Arum* (ערום), palabra que, como ya hemos visto, se puede traducir tanto como «astuto» como por «desnudo».

Curiosamente, la guematria de *Ktonet Kavod* (כבוד כתונת), «túnicas de gloria», es 988 y coincide con la de *Hasmalim* (חשמלים),[11] el plural de *Hashmal* (חשמל), y su relación con el miembro viril la vemos en que la guematria 990, o sea la misma más 2 por las dos palabras de *Ktonet Kavod* (כתונת קבוד), es la guematria de *Tzadik Iesod Olam* (צדיק יסוד עולם), que los cabalistas asocian con la sefirah de *Iesod,* que corresponde al miembro viril.

Nuestra propuesta a propósito del misterio del *Hashmal* (חשמל) es que esta palabra englobaría al mismo tiempo al *Najash* (נחש), la serpiente, y al *Gamal* (גמל), el camello.

---

11. Entidades angelicales, según Rashi, que ocupan el cuarto rango de diez en la exposición de Maimónides de la jerarquía angelical judía.

Si sumamos la guematria de *Najash* (נחש), la serpiente, que es 358 a la de *Gamal* (גמל), el camello, que es 73, obtenemos 431, que es la guematria de *Hitzdavegut* (הזדווגות), que significa «cópula», «apareamiento». Si tomamos la primera letra de *Gamal* (גמל) y la primera letra de *Najash* (נחש), «serpiente» y se las quitamos, podemos formar la palabra *Gan* (גן), «jardín». Pero lo más sorprendente ocurre cuando unimos lo que queda, o sea *Jash* (חש) de *Najash* (נחש), y *Mal* (מל) de *Gamal* (גמל). Obtenemos *Hashmal* (חשמל). ¿Será casualidad que una anguila denominada *Electrophorus electricus* sea capaz de emitir descargas eléctricas? En cualquier caso, el bichito en cuestión se encuentra en el Amazonas y no en la tierra de Israel.

Juli Peradejordi

רבי יוסף גיקטליה

RABBÍ IOSEF GIKATILLA

סוד הנחש

EL SECRETO DE LA SERPIENTE

שאלת ממני ידיד נפשי להודיעך סוד הנחש ומשפטו ולמע־
שהו.

Me pediste, amigo del alma, que te diera a conocer el secreto de la serpiente, su juicio y sus obras.

וקודם שאכנס בו בביאורו צריך אני להודיעך עקרים גדו־
לים שהם צורך גדול בהשגת דבר זה. כבר הודעתיך בני כי מן
הבינ"ה ולמעלה אינו מושג ונודע לשום נברא ו"עין לא ראתה
אלהים זולתך". אמנם מן הגדול"ה והגבור"ה ולמטה שרים
עליונים מחוברים באבות שמן הצדדים אברהם יצחק.

Pero antes de entrar en la elucidación del asunto, debo informarte de importantes principios que son indispensables para lograrla. Ya te he informado, hijo mío, que desde *Binah* hacia arriba no hay ningún concepto ni conocimiento[1] y «Ni ojo ha visto Dios fuera de ti».[2] Ciertamente, desde *Guedulah*[3] y *Guevurah* hacia abajo hay príncipes elevados conectados con los patriarcas al lado de Abraham e Isaac.

והנה אברהם שהוא סוד הזרוע הימין (בו) מחוברים חמשה ושלשים שרים על ידי ישמעאל שסמוך לו מצרים שהיא שניה לארץ ישראל. ולמצרים סמוכות שאר ממלכות לשל־ שים וחמשה שרים לצד ימין שהוא אברהם וכולם מחוברים באברהם על ידי מצרים שהיא ראשונה לממשלות ומחוברות באברהם ע"י ישמעאל.

Y he aquí que Abraham es el secreto del brazo derecho (donde) está conectado con 35 príncipes a través de Ismael que está cercano a él, y Egipto, que es la segunda respecto a la tierra de Israel.[4] Y en Egipto se apoya el resto de reinos,[5] conectados con los 35 príncipes del lado de la derecha, que son Abraham y todos los que están conectados con Abraham, a través de Ismael.

---

1. Por encima de esta sefirah están *Jojmah* y *Keter*, Sefirot en las cuales aún no hay ni formulación ni conceptuación.
2. Véase *Isaías* LXIV-4.
3. Otro nombre de la sefirah de *Hessed*.
4. Lo cual indica una superioridad de Israel respecto a Egipto. Esto se ve en que si bien el Faraón conocía 69 idiomas, José conocía 70.
5. Las 70 naciones.

והסוד שהגר המצרית ילדה את ישמעאל לאברהם שנא־
מר "ותקח לו אמו אשה מארץ מצרים" מארץ מצרים בודאי
והיא אחיזת מצרים באברהם ע"י ישמעאל.

Y a propósito del secreto de Hagar la egipcia que dio
a luz a Ismael para Abraham, ha sido dicho: «Y su madre
le tomó una esposa de la tierra de Egipto».[6] De la tierra
de Egipto, ciertamente, y ésta es la conexión de Egipto
con Abraham, a través de Ismael.

והנה מצד אברהם נאחזים בזרוע ימין לל"ה שרים, ואחר
שורת ל"ה שרים מבחוץ יש כחות אחרות סמוכות לשרים
מצד אברהם ואותם הכחות, נקראים בני פלגשים.

Y he aquí que del lado de Abraham se aferra al lado
derecho, a 35 príncipes, y después del muro de los
35 príncipes de afuera, hay otras fuerzas que apoyan a
los príncipes del lado de Abraham y esas mismas fuerzas, son llamadas «hijos de las concubinas».[7]

כתיב »ויוסף אברהם ויקח אשה ושמה קטורה". קטורה
ממש, הם שצריכים קטרת להבריחם מן המרכבה "ישימו
קטורה באפך". וכתיב "ולבני הפלגשים אשר לאברהם נתן
אברהם מתנות וישלחם" וגו', בהכרח צריכים שלוח, וש־
מות הטומאה מסר להם כי בהכרח בני הפלגשים היו, והם

---

6. Véase *Génesis* XXI-21.
7. Expresión *tomada* de 1 *Crónicas* III-9.

הראויים לזוהמא ולטומאה, נתן להם מקום אחיזה, ודע כי
מצד שמאל הוא יצחק ול"ה שרים נאחזים בו מצד עשו וכל
אותם השרים נקראים בדרך כלל גוים וראשית כולם עמלק בן
עשו.

Está escrito: «Y Abraham tomó otra mujer, cuyo nombre fue Cetura».[8] Efectivamente, Cetura, ellos necesitaban incienso[9] para alejarlos de la *Merkavah*, «pondrán incienso a tus narices».[10] Y ha sido escrito «A los hijos de sus concubinas dio Abraham regalos y los envió, etc.».[11] Y necesariamente necesitaban un mensajero,[12] y los nombres de la impureza les transmitieron que necesariamente eran los hijos de las concubinas, y son dignos de veneno[13] e impureza. Les dieron un lugar donde aferrarse, y has de saber que del lado de la izquierda están Isaac y los 35 príncipes agarrados a él en lado de Esaú, y a todos esos príncipes se les suele llamar gentiles (גוים) y el primero de ellos es Amalek hijo de Esaú.[14]

---

8. Véase *Génesis* XXV-1.

9. Juego de palabras entre Cetura, el nombre de la mujer de Abraham y *Keturah*, «incienso».

10. Véase *Deuteronomio* XXXIII-10.

11. Véase *Génesis* XXV-6.

12. Literalmente «un enviado», juego de palabras con el versículo *Génesis* que acaba de citar.

13. *Zuhama* (זוהמא), que se suele traducir como «barro», significa en realidad «veneno» y alude en los textos cabalísticos al veneno que la serpiente inoculó en Eva. En *El secreto de la unión de David y Betsabé*, Mopsik y Eisenfeld lo traducen como «fango», véase pág. 63 de la edición francesa o pág. 59 de la edición española.

14. En realidad era hijo de Elifaz y nieto de Esaú.

שנאמר "ראשית גוים עמלק" ראשיתו נאחז בזרועות עולם
ביצחק כי הוא ראשית גוים. כי מן הענק ולמעלה לא עלה
אלא יעקב ע"ה לבד. ומן הזרועות ולמטה הוא ראשית גוים.
כתיב "ולתתך עליון על כל הגוים" עליו"ן ותהו"ם הם מיוחדים
לישראל ע"י יעקב.

Como ha sido dicho «Amalek, cabeza de gentiles»[15] al principio se agarró a los brazos del mundo en Isaac porque él es el principio de los gentiles. Porque desde Anak[16] hacia arriba no ascendió sino Jacob, la paz sea con él, únicamente. Y desde los brazos hacia abajo, él es «cabeza de gentiles». Está escrito «y para ponerte alto sobre todos los gentiles»,[17] alto y profundo son (aplicables) únicamente a Israel a través de Jacob.

וזהו סוד העולם הבא, יין המשומר בענביו שאין בו צד יין נסך
שלא עלה לשם שום שר של גוים ואינו מנוסך לע"ז. משם
ולמטה שוכנים הגוים והזרועות הם אוחזות הגוים. ומצד הג־
בורה הוא היין שאינו משומר ונעשה יין נסך.

Y éste es el secreto del mundo venidero, un vino conservado en sus uvas, vino con el que no se ha hecho libación, al que no ha subido ningún príncipe de los

---

15. Véase *Números* XXIV-20.

16. Gigante que aparece en la *Torah* y en los *Profetas*. Se relaciona con el cuello.

17. Véase *Deuteronomio* XXVII-19.

gentiles y no se ha utilizado para idolatría.[18] Desde allí y hacia abajo yacen los gentiles y los brazos sostienen a los gentiles. Y del lado de *Guevurah* está el vino que no se conserva y se convierte en vino de libaciones.[19]

והנה ביצחק הוא מקום אחיזת ל"ה שרים של גוים ע"י עשו ע"י עמלק. מה כתיב ביצחק "הביאה לי ציד", וגו' וכתיב "ויבא לו יין וישת", וכתיב "ויתן לך האלהים". רצה להחזירו ולחברו בקשר הבינ"ה שהוא מקום ירידת הטל, רצה לקושרו. "ומשמני הארץ", מאחר שלא זכה עשו לבינ"ה שהוא מקום הטל רצה לקושרו באותו מקום כי מקום הטל מכרו עשו.

Y he aquí que en Itzjak hay un lugar de agarre donde los 35 príncipes de las naciones se aferran a través de Esaú del lado de Amalek. ¿Qué está escrito a propósito de Isaac? «Tráeme caza, etc.»,[20] y ha sido escrito «y le trajo vino y bebió»,[21] y ha sido escrito «y Elohim te dé».[22] Quería traerlo de vuelta y conectarlo con un vínculo con la *Binah*, que es el lugar que destila rocío, quería conectarlo. «Y de las grosuras de la tierra»,[23] ya que después Esaú no tomó posesión de *Binah*, que es el lugar del

---

18. Literalmente *Avodah Zara* (ז"ע), «culto extraño», Es también el nombre de un tratado talmúdico.

19. Para idolatría.

20. Véase *Génesis* XXVII-7.

21. Véase *Génesis* IX-21.

22. Véase *Génesis* XXVII-28.

23. Véase *Génesis* XXVII-28.

rocío, y quería estar conectado a ese lugar, que es el lugar del rocío que fue vendido por Esaú.[24]

וזהו סוד הגבורה "קדש לי כל" בסוד החכמ"ה, "הוא ראשית אונו לו משפט הבכורה". והטל יורד מן הגבורו"ת והגשמים יורדים מן הגבור"ה לפיכך הטל אינו פוסק והגשמים פוסקים. והנה הגבורו"ת הוא סוד יין המשומר והגבור"ה הוא מקום שנעשה יין נסך.

Y éste es el secreto de *Guevurah*: «conságrame todo»,[25] en el secreto de *Jojmah*, «porque aquel es el principio de su fuerza, el derecho de la primogenitura es suyo».[26] Y el rocío cae de las *Guevuroth* y las lluvias sí caen de *Guevurah,* por lo que el rocío no cesa y las lluvias cesan. Y he aquí que las *Guevuroth* son el secreto del vino conservado y la *Guevurah* es un lugar donde se elabora el vino de las libaciones.

כתיב "הוא אלהים חיים" וכתיב "לא יהיה לך אלהים אחרים על פני" וכתיב "אל חי בקרבכם", וכתי' "בשם יהוה אל עולם" וכתי' "אין עמו אל נכר" וכתי' "לא תשתחוה לאל אחר».

---

24. Donde vendió su primogenitura. Véase *Génesis* (XXV-34).
25. Véase *Éxodo* XIII-2.
26. Véase *Deuteronomio* XXI-17 y su comentario en *Mishnah, Bejoroth* VIII-9.

Está escrito "Él mismo es Dios vivo»[27] y está escrito
«No tendrás dioses ajenos delante de mí»[28] y está escrito «que el Dios viviente está en medio de vosotros»,[29] y
ha sido escrito «el nombre del Eterno para siempre»,[30]
y está escrito «que no hubo con él dios ajeno» y está
escrito «porque no te inclinarás ante dios ajeno».[31]

מן הזרועות ולמטה הנקראים גבור"ה, נעשה יין נסך ומת־
נסך לע"ז במגע הגוי לפי שבאותן המקומות מגע היין. ומן
הזרועות ולמעלה שהוא מקום הבינ"ה והגבור"ה (נראה לי
והחכמ"ה) אין עושה יין נסך שלא עלה שם שר של גוי ונקרא
יין המשומר.

Desde los brazos hacia abajo es llamado *Guevurah*; se
hace el vino de libaciones y se vierte para la idolatría en
contacto con el gentil como en los mismos lugares
en contacto con el vino. Y de los brazos hacia arriba,
que es el lugar de *Binah* y de *Guevurah* (y me parece a
mí que también de *Jojmah*) no se hace vino de libación
porque no se levantó allí un príncipe de los gentiles, y se
llama el «vino reservado».

---

27. Véase *Jeremías* X-10.
28. Véase *Éxodo* XX-3.
29. Véase *Josué* III-10.
30. Véase *Génesis* XXI-33.
31. Véase *Éxodo* XXXIV-14.

והוא סוד העולם הבא ויעקב לבדו עלה שם וכתיב "כי יעקב
בחר לו יה». וכתיב "ששם עלו שבטים שבטי יה" וכל ישראל
יש להם חלק לעולם הבא. ואם הזיד אדם מישראל לשתות
יין נסך נאחז בו הקוצים והברקנים של אלהי המסכה ואינו
מתפרד מהם ומאבד חלקו מן היין המשומר שהוא חיי העו־
לם הבא.

Y éste es el secreto del mundo venidero y sólo Jacob
ascendió allí, según ha sido escrito «Y el Eterno escogió
a Jacob para él».[32] Y ha sido escrito «porque allá subie-
ron las tribus, las tribus del Eterno»[33] Y todo Israel tienen una porción en el mundo venidero.[34] Y si se atre-
viera un hombre de Israel a beber del vino de libaciones,
el vino de libaciones se adhiere a las espinas y las corte-
zas de los dioses idolátricos y no se separa de él, y pierde su parte del vino conservado, que es la vida del venidero mundo.

כתיב "סירים סבוכים וכסבאם סבואים". וכתיב "אשר חלב
זבחימו יאכלו", וכתיב "ויין ישמח לבב אנוש". וארז"ל לא
נברא יין אלא לנחם אבלים. וכתיב "תנו שכר לאובד» וגו'
לפי שהיין הוא ממקום השמחה שאין שם דאגה והוא מבתי
גואי שהכתוב מעיד עליו הוד והדר, וכתיב "המשמח אלהים
ואנשים«.

---

32. Véase *Salmos* CXXXV-4.
33. Véase *Salmos* CXXII-4.
34. Véase *Pirkei Avoth*, prólogo.

Y ha sido escrito: «que comían el sebo de sus sacrificios»,[35] y ha sido escrito: «y el vino alegra el corazón del hombre».[36] Y dijeron nuestro maestros, de bendita memoria: «no fue creado vino sino para consolar a los dolientes».[37] Y ha sido escrito: «Dad bebida fuerte al que está pereciendo, etc.»,[38] porque el vino es del lugar de la alegría donde no hay preocupación, y es de las casas de las naciones, de lo que dan fe su majestad y su esplendor, y ha sido escrito «que alegra a Dios y a los hombres».[39]

ודע כי למעלה משמח אלהי"ם כי שפע הגבור"ה מיין המ־
שומר אמנם מתנסך לפעמים שהרי כתיב "ויבא לו יין וישת"
ואלמלא הקדים יעקב יין והביאו למה היה כחה של ע"ז ביין
נסך וכתי' "ואלכה לנגדך". אין מלך ואין שר ואין זבח ואין
מצבה ואין אפוד ואין תרפים כל זה תועלת בשהקדים יעקב
ע"ה והביאו.

Y has de saber que alegra a Dios arriba porque la abundancia de *Guevurah* es de vino conservado, ciertamente, porque a veces se vierte como liberación, según ha sido escrito: «Y trajo vino y bebió»[40] si no, Jacob ha-

---

35. Véase *Deuteronomio* XXXII-38.

36. Véase *Salmos* CIV-5.

37. Véase Talmud, tratado de *Eruvin* 65.

38. Véase *Proverbios* XXXI-6.

39. Véase *Jueces* IX-13. Alegra a Dios por la bendición.

40. Véase *Génesis* XXVII-25.

bría precedido al vino y traído el poder de la idolatría en el vino de libación, y ha sido escrito: «yo iré delante de ti».[41] No hay rey ni príncipe ni sacrificio ni ejército, y no hay Efod[42] ni medicinas en todo esto que no trajera Jacob, que en paz descanse.

ודע כי שבעים כתרים עליונים נאחזים באברהם ויצחק על ידי יין לפי שהוא מקומו במוח בודאי. ואחר שהודעתיך זה דע כי ביצחק נאחזים ל"ה שרים לשמאל, ע"י אדום וע"י עמלק. ודע כי עמלק הוא ראשו של נחש הקדמוני והוא נאחז בלחש והנ־ חש מרכבתו.

Y has de saber que 70 coronas superiores se adhieren a Abraham e Isaac por medio del vino,[43] el cual ciertamente tiene su lugar en el cerebro. Y después de haber anunciado esto, has de saber que en Isaac están agarrados 35 príncipes del lado izquierdo, a través de Edom[44] y a través de Amalek. Has de saber que Amalek es la cabeza de la serpiente antigua y está agarrado con un encantamiento a la serpiente que es *Merkavah*.

כתי' "הנני עומד לפניך שם" וגו' וזה היה ברפידים ובאותו המקום נמצאו הנחש ועמלק מזדווגים כאחד. וכתי' "דרך נחש עלי צור" וכתי' »ויבא עמלק וילחם« בודאי נתחברו צור

ונחש ועמלק. כתי' "ראשית גוים עמלק» כתיב בעמלק "אשר
שם לו בדרך בעלותו ממצרים". במקום הנקרא דרך אורב
לישראל ששם הניחו אדם כשנפל סמא"ל כתי' "על גחונך
תלך».

Está escrito: «He aquí que yo estoy delante de ti allí,
etc.»[45] Y fue en Refidim[46] y en el mismo lugar en el que
estaba agarrada la serpiente y Amalek unidos como uno
solo. Y está escrito: «el rastro de la culebra sobre la peña»,[47] y está escrito: «y vino Amalek y peleó»,[48] ciertamente la peña, la serpiente y Amalek estaban unidos.
Ha sido escrito: «Amalek, cabeza de los gentiles»,[49] y
está escrito a propósito de Amalek: «que se le opuso en
el camino, cuando subía de Egipto».[50] En el lugar llamado «camino»[51] acechó a Israel donde se colocó a Adán
cuando cayó Samael, según ha sido escrito: «sobre tu
pecho andarás».[52]

---

45. Véase *Éxodo* XVII-6.

46. Literalmente «descansos» es el lugar donde acampó el pueblo de Israel al salir de
Egipto entre el desierto de Sin y el monte Sinaí. Para Rashi, la palabra *Refidim*
deriva del comportamiento del pueblo de Israel en ese momento: «la lucha se
debió a que Israel se «debilitó» en el cumplimiento de los preceptos y en el estu-
dio de la *Torah*».

47. Véase *Proverbios* XXX-19.

48. Véase *Éxodo* XVII-8.

49. *Números* XXIV-20.

50. Véase *Samuel* XV-2.

51. Que los cabalistas asocian a la sefirah *Iesod*.

52. Véase *Génesis* III-14. Se relaciona a Samael, el ángel cegador, con la serpiente.

ולעולם הוא מוצאו אצל האשה, אמנם מכתו הוא בראשו־
נה כתי' "הוא ישופך ראש" לפי כל מיני מנחשים ומעוננים
וקוסמים ע"י נופלים וגלוי עינים גורל עזאזל, וזו היתה השגתו
של בלעם שכתוב "נפל וגלוי עינים" כתי' הנפילים היו בארץ
בימים ההם וגם אחרי כן אשר יבאו" וגו' המה הגבורים מצד
הגבור"ה היו.

Y siempre se le encuentra junto a la mujer, aunque al principio ella la golpeó, como está escrito: «ella te herirá la cabeza»[53] porque hay toda clase de serpientes y magos y brujos al lado de los Nefilim y los de ojo abierto[54] es el infierno, y ese fue el logro de Balaam a propósito de quien ha sido escrito: «caído, mas abiertos los ojos».[55] Está escrito: «Había gigantes (*nefilim*) en la tierra en aquellos días; y también después que entraron, etc.»,[56] eran los mismos gigantes del lado de *Guevurah*.

כתיב בעמלק "אשר קרך בדרך" במקום יסו"ד שהוא הדרך
"ויזנב בך" בזנבו ממש במקום נפילתו "באשר כרע שם נפל
שדוד", ואמרו חז"ל שהיה עושה עם אתונו מעשה אישות
בלילה וזה היה מגיע להשגת המנחשים בודאי ועל ידי הקר"י
שהיה עושה עם אתונו כתי' "ויקר אלהים אל בלעם". וכתי'
"ויתיצב מלאך יהוה בדרך לשטן לו והוא רוכב על אתנו"
רוכב בודאי. כתי' "דרך נחש עלי צור דרך אניה בלב ים ודרך
גבר בעלמה.»

53. Véase *Génesis* III-15.
54. O sea, los tuertos, considerados brujos que echan el mal de ojo.
55. Véase *Números* XXIV-4.
56. Véase *Génesis* VI-4.

Ha sido escrito a propósito de Amalek «que se le opuso en el camino»[57] en el lugar *Iesod*, que es el camino,[58] «y te desbarató la retaguardia»[59] en su cola misma, justo en el lugar de su caída, «donde se encorvó, allí cayó muerto»,[60] y los sabios, de bendita memoria, dijeron que él hacía con su asna un acto de copulación por la noche y habría llegado a la consecución de las brujerías por medio de la polución nocturna.[61] Ha sido escrito: «Y vino *Elohim* al encuentro de Balaam».[62] Y ha sido escrito: «y el ángel del Eterno se puso en el camino por adversario suyo y él iba cabalgando sobre su asna», ciertamente cabalgando.[63] Ha sido escrito: «el rastro de la culebra sobre la peña; el rastro de la nave en medio del mar; y el rastro del hombre en la doncella».[64]

ודע כי כמו שהיה משה רע"ה ראש לכל הנביאים והשיג למעלה מכולם בתפאר"ת והוא בתכלית הטהרה, כן בלעם

---

57. Véase *Samuel* XV-2.

58. Esta sefirah se asocia con los órganos sexuales.

59. Véase *Deuteronomio* XXV-18. Rashi interpreta *Vasanev* (ויזנב) como «rabo», refiriéndose al órgano sexual masculino, y reescribe la frase como «atacó a Israel en su órgano sobresaliente».

60. Véase *Jueces* V-27.

61. *Keri* (קרי), que significa «confrontación» tiene también el sentido de «accidente» y de «eyaculación involuntaria» o «polución nocturna». En el texto de *Deuteronomio* (XXV-18) lo que se suele traducir por «se le opuso» es *Kareja* (קרך), y Rashi comenta que «denota un evento fortuito, casual» y «denota emisión seminal e impureza».

62. Véase *Números* XXIII-4.

63. Alusión al acto sexual.

64. Véase *Proverbios* XXX-19.

הרשע הוא ראש לכל המנחשים והקוסמים ולמעלה מכו־
לם והשיג מבחוץ על הזרוע והוא היה בתכלית הטומאה
והזוהמא.

Y has de saber que así como Moisés, el pastor fiel, fue el jefe de todos los profetas y logró el nivel de *Tiferet* y es la plenitud de la pureza, así el malvado Balaam es el jefe de todos los adivinos y magos y lo logró todo desde afuera a través de la simiente,[65] y era lo sumo de la impureza y el veneno.

לפיכך ארז"ל במדרש ולא קם עוד נביא בישראל כמשה, בי־
שראל לא קם אבל באומות העולם קם ומנו בלעם. ואמרו
מה בין נבואת בלעם לנבואת משה, משה אינו יודע מי מדבר
עמו ואימתי מדבר עמו ובלעם היה יודע וכו'. והבן מה שאמ־
רנו בענין זה כי זה כסא לתפארת מבפנים וזה היה ענין נחש
מבחוץ.

Por lo tanto, dijeron nuestros maestros, de bendita memoria, en el Midrash, no se alzó ningún profeta en Israel como Moisés,[66] en Israel no se alzó sino en las naciones del mundo se alzó y era Balaam. Y ellos dijeron: ¿Cuál es la diferencia entre la profecía de Balaam y la profecía de Moisés? Moisés no sabe quién y cuándo hablaba con él y Balaam sí sabía, etc. Y entiende lo que

---

65. Eufemismo por «semen».

66. Esta cita de *Deuteronomio* XXXIV es también el final del delicioso *Midrash de la muerte de Moisés*, que será publicado en esta misma colección.

dijimos al respecto, porque uno es un trono para *Tiferet* por dentro y el otro una serpiente por fuera.

וסימנם אפוד ותרפים ולפיכך קללתו של בלעם מתקיימת לפי שהוא סוד הנחש ועומדת קללתו וברכתו כשהמקטרג מורה זו, וזהו סוד "לא אשלחך כי אם ברכתני" וכתי' "ויברך אותו שם", וכתי' "שם המקום ההוא פניאל", וכתי' "פני יהוה בעו־שה רע" וכתי' "יאר יהוה פניו אליך", וכתי' "וירא כי לא יכל לו ויגע בכף ירכו" ממש הוא הדרך והוא המקום שנחש נפל במרכבה וסמא"ל רוכב עליו והוא מקום הקר"י, והוא מקום של דוד והוא מקום בית המקדש והוא מקום קריבת חוה שאין לו מקום להכנס ולהתחבר לאדם אלא ע"י אשה בודאי.

Y su signo es el Efod y las medicinas y de ahí la maldición de Balaam que es el secreto de la serpiente y su maldición y la bendición se mantiene cuando el acusador lo instruye, y éste es el secreto de «No te dejaré si no me bendices»,[67] y ha sido escrito: «Y lo bendijo allí».,[68] Y ha sido escrito: «el nombre de aquel lugar Peniel»,[69] y ha sido escrito: «el rostro del Eterno contra los que hacen el mal»,[70] y ha sido escrito «haga el Eterno resplandecer su rostro»,[71] y ha sido escrito: «Y como vio que no

---

67. Véase *Génesis* XXXII-26.
68. Véase *Génesis* XXXII-30.
69. Véase *Génesis* XXXII-30.
70. Véase *Salmos* XXXIV-16.
71. Véase *Números* VI-25.

podía con él, tocó en el sitio del encaje de su muslo».[72] Realmente él es el camino[73] y es el lugar donde la serpiente cayó en el carro y Samael cabalga sobre ella y es el lugar de la confrontación, y es el lugar de David y es el lugar del Templo y es el lugar del sacrificio de Eva que no tiene ningún lugar para entrar y unirse con Adán excepto por medio de una mujer, ciertamente.

לפיכך אמר "אשר קרך בדרך ויזנב'", וכתי' "הוא ישופף ראש ואתה תשופנו עקב», וכתי' "יהי דן נחש עלי דרך" וגו', ע"י דן עתיד הנחש להעקר מן העולם וכתי' «וידו אוחזת בעקב עשו", וכתי' "והיה עקב תשמעון" "עקב אשר שמע אברהם בקולי", אלמלא שנצח סמא"ל את יעקב באותו מקום עצמו רצה בלעם לנצח את ישראל.

Por consiguiente dijo: «que te salió al camino, y te desbarató»,[74] y ha sido escrito: «ella te herirá la cabeza, y tú le herirás el calcañar»,[75] y ha sido escrito: «sea Dan serpiente junto al camino, etc.»; en el futuro, la serpiente será arrancada del mundo por mediación de Dan y ha sido escrito: «trabada su mano al calcañar de Esaú»,[76] y ha sido escrito: «Y será que, por haber oído»,[77] «Por

<hr>

72. Véase *Génesis* XXXII-25.

73. De nuevo un eufemismo sexual.

74. Véase *Deuteronomio* XXV-18.

75. Véase *Génesis* III-15.

76. Véase *Génesis* XXV-26.

77. Véase *Deuteronomio* VII-12.

cuanto oyó Abraham mi voz»,[78] a menos que Samael derrotara a Jacob en el mismo lugar donde Balaam quería derrotar a Israel.

ובאו מלאכי השרת ועמדו במשעול הכרמים גדר מזה וגדר מזה במקום נצ"ח והו"ד סתמו המבואות. ואז צווח בלעם "מה אקוב לא קבה" אל לא מצאתי נקב ליכנס, ונוקב שם יי מות יומת.

Y vinieron los ángeles guardianes y se alzaron en el camino de la viña a uno y otro lado, en el lugar de *Netzaj* y *Hod*,[79] cerrando la entrada. Y entonces Balaam gritó: «¿Por qué maldeciré yo al que Dios no maldijo?».[80] No encontré un agujero por donde entrar, y lo perforé, y «el que pronuncie el nombre del Eterno, morir morirá».[81]

והנביא מכריז ואומר "עמי זכור נא מה יעץ בלק מלך מואב" וגו'. וכתי' "למען דעת צדקות יהוה" מה יעץ בודאי למען דעת צדקות יי בודאי, וכשראה בלעם זה צווח ואמר "כי לא נחש ביעקב" ולא מצא מקום לקללה שהוא ע"י נחש, שכל מקום שהנחש מתדבק שם הקללה מתדבקת. כי כנסת ישראל כסא הברכות והנחש כסא הקללות אימתי כשהכניס מקומו ופרץ גדרו של עולם לפיכך נתקללה האדמה.

---

78. Véase *Génesis* XXVI-5.

79. Estas dos Sefirot corresponden a las dos piernas.

80. Véase *Números* XXIII-8.

81. Véase *Levítico* XXIV-16.

Y el profeta declara y dice: «Pueblo mío, acuérdate ahora qué pensó Balak, rey de Moab, etc.».[82] Y ha sido escrito: «para que conozcas las justicias de Eterno».[83] Lo que ciertamente aconsejó por causa de la justicia del Eterno, y cuando vio a Balaam, éste gritó y dijo: «Porque no hay agüero en Jacob»[84] y no encontró lugar para la maldición, que es a través de la serpiente. Porque en todo lugar donde se adhiere la serpiente, allí se adhiere la maldición. La asamblea de Israel es el trono de las bendiciones y la serpiente es el trono de las maldiciones. Cuando tomó su lugar, rompió la cerca del mundo, y así la tierra fue maldita.

ואחר שהודעתיך זה דע כי מואב ועמלק מזדווגים יחד להח־
ריב את ישראל. וישמעאל בכללם. לפי שאלו קשורים במר־
כבה כתיב באברהם "וילך אתו לוט" הוא כסא הנחש הנמ־
צא בסיגים של אברהם מתפרד ממנו אחרי הפרד לוט מעמו,
"ויאהל עד סדום" מקום ג"ע וש"ד, וכתי' "וישא לוט את עי־
ניו" וגו' ובדרך ממש היה עומד ונולד ממנו מואב ועמון.

Y después de reconocer esto, has de saber que Moab y Amalek se unirán para destruir a Israel. E Ismael en general. Como me preguntaste a propósito de la *Merkavah*, ha sido escrito a propósito de Abraham: «y Lot fue

---

82. Véase *Miqueas* VI-5.

83. Véase *Miqueas* VI-5.

84. Véase *Números* XXIII-23.

con él»,[85]» es el trono de la serpiente que se encuentra en la escoria de Abraham que se separa de él después de que Lot se separase de su pueblo, «poniendo sus tiendas en Sodoma»,[86] el lugar de impudicia y derramamiento de sangre. Y ha sido escrito: «Y alzó Lot sus ojos, etc.»[87] Y del mismo modo nacieron y se criaron Moab y Ammón.

מואב נתחבר לבלעם לקלל את ישראל כי כן ראוי לו כי לוט הוא עמון נתחבר לעמלק לטמא מקדש, דכתי' "גבל ועמון ועמלק" כתי' "ותמנע היתה פלגש לאליפז בן עשו ותלד את עמלק" וכתי' "ואחות לוטן תמנע».

Moab se unió con Balaam para maldecir a Israel porque se lo merece ya que Lot es Ammón y se hermanará con Amalek para profanar el Templo. Ha sido escrito: «Gebal, Amón y Amalek»,[88] y ha sido escrito: «Y Timna fue concubina de Elifaz, hijo de Esaú, la cual le dio a luz a Amalek»[89], y ha sido escrito: «Timna fue hermana de Lotán».[90]

ודע כי דוד הע"ה בסדום מצאו הש"י כדכתיב "מצאתי דוד עבדי" וגו', וארז"ל היכן מצאו בסדום, מה כתיב "ואת שתי

85. Véase *Génesis* XII-4.

86. Véase Génesis XIII-12.

87. Véase *Génesis* XIII-10.

88. Véase *Salmos* LXXXII-7.

89. Véase *Génesis* XXXVI-12.

90. Véase *Génesis* XXXVI-22.

בנותיו הנמצאות" אלו הן רות המואביה ונעמה העמונית שתי פרידות טובות. כתי' "לתאוה יבקש נפרד" וכתי' "ולא יבאו לראות כבלע".

Has de saber que David, que en paz descanse, fue encontrado en Sodoma, el señor se apiade de él, según ha sido dicho: «Hallé a David mi siervo, etc.»,[91] y dijeron nuestros maestros, de bendita memoria, ¿dónde lo encontraron en Sodoma?, ¿qué está escrito?: «y tus dos hijas que se hallan aquí»[92]. Éstas son Ruth la moabita y Naamah la amonita, dos buenas semillas.[93] Ha sido escrito: «Según su antojo busca el que se desvía»,[94] y ha sido escrito: «no entrarán, ni por un momento, a ver los objetos sagrados».[95]

ודע והאמן כי הנחש בתחלת בריאתו היה צורך גדול, תקון העולם בהיותו עומד במקומו המיוחד לו בבריאה והוא היה שמש גדול נברא לסבול עול המלכות והשעבוד וראשו על במתי ארץ וזנבו עד שאול ואבדון. כי בכל העולמות כולם היה לו מקום וצורך גדול לתיקון כל המרכבות כל אחד במ־קומה.

---

91. Véase *Salmos* LXXXIX-20.

92. Véase *Génesis* XIX-15.

93. También podría traducirse como «dos buenas palomas», o sea dos almas cándidas y puras.

94. Véase *Proverbios* XVIII-1.

95. Véase *Números* IV-20.

Y has de saber y creer que la serpiente del principio de la creación era de gran necesidad para rectificar el mundo, ya que se hallaba en un lugar especial en la creación. Y él era un gran sirviente creado para llevar el yugo de *Maljut* y la esclavitud y su cabeza sobre las alturas de la Tierra y su cola hasta el *Sheol* y la destrucción.[96] Porque en todos los mundos había un lugar y una gran necesidad de rectificar todos los carros, cada uno en su lugar.

וזה סוד התל"י הידוע בספר היצירה והוא המניע את הגלג־
לים במאמר הבורא ית׳ והמהפך אותם ממזרח למערב ומ־
צפון לדרום, ואלמלא הוא אין לשום בריה מכל העולם חיים
שתחת גלגל הירח הזרייעה והצמיחה ואין התעוררות לתולדות
כל הנבראים.

Y éste es el secreto del Tali[97] que conocemos por el *Sefer Ietzirah* que mueve las ruedas (o las esferas),[98] como dice el Creador, bendito sea, y las hace girar de este a oeste y de norte a sur, de lo contrario no habría ninguna criatura de todo el mundo viviendo debajo de la esfera de la Luna, ni siembra ni crecimiento, y no habría despertar en las generaciones de todas las criaturas.

---

96. Véase *Proverbios* XV-10.
97. A principios de la Edad Media, *Tali* correspondía a la constelación del Dragón.
98. *Guilgulim* (הגלגלים), literalmente «ruedas» se refiere en los textos cabalísticos a las reencarnaciones.

ובתחילה היה עומד מחוץ לכתלי מחנות הקדושה והיה מחו־
בר לכותל חיצון שבמחנות, אחוריו היו דבוקות בכותל ופניו
פונות כלפי חוץ ולא היה לו מקום ליכנס פנימה והיה מקומו
לעבוד עבודת הזריעה והצמיחה והתולדות מבחוץ.

Y al principio se alzaba fuera de los muros de los
campamentos sagrados y se adhería al muro exterior de
los campamentos, su espalda estaba pegada al Muro
Occidental y su cara hacia afuera y no tenía dónde entrar y tenía su lugar para hacer el trabajo de siembra y
crecimiento y las generaciones desde el exterior.

וזהו סוד עץ הדעת טוב ורע, לפיכך הזהיר הש"י לאדם הרא־
שון שלא יגע בעץ הדעת בעוד שהטוב והרע שניהם דבוקים
בו אע"פ שזה מבפנים וזה מבחוץ עד שימתין להפריד את
הערלה שנאמר "וערלתם ערלתו את פריו".

Y éste es el secreto del Árbol del Conocimiento del
Bien y del Mal, por eso el Eterno, bendito sea, advirtió
al primer hombre que no tocara el Árbol del Conocimiento mientras que tanto el bien como el mal estuvie-
ran aferrados a él y adentro y afuera hasta que separe el
prepucio, como ha sido dicho: «os será incircunciso; su
fruto no se comerá».[99]

---

99. Véase *Levítico* XIX-23. Como el prepucio humano, el árbol también tiene una *Orla*, y hay que esperar tres años antes de comer el fruto. Véase I-Zohar 73b, II-Zohar 121a y II-Zohar 244b.

כתי' "ותקח מפריו ותאכל" הכנס צלם היכל ונמצאת הטו־
מאה חיצונה נכנסת לפנים. שנאמר "והנחש היה ערום מכל
חית השדה" וכתי' "פתי יאמין לכל דבר" וכתי' "וכי יפתה
איש בתולה» וכתי' "לתת לפתאים ערמה" וכתי' "וערומים
יכתירו דעת" והכל מבואר.

Ha sido escrito: «y tomó de su fruto, y comió».[100]
Entra la imagen del palacio, y se encuentra que la impureza externa entra hacia adentro. Ha sido dicho: «Pero la
serpiente era astuta, más que todos los animales del campo,[101] y ha sido escrito: «y el simple cree a toda palabra»[102]
y ha sido escrito: «Cuando alguno engañare a alguna
virgen»[103] y «Y que una virgen será tentada» y ha sido
escrito «para dar prudencia a los simples»,[104] y ha sido escrito: «mas los cuerdos se coronarán de sabiduría»,[105] y
todo ha sido explicado.

ואם תאמר הרי כתי' "וירא אלהים את כל אשר עשה והנה
טוב מאד" דע כי כל מעשה האלהי"ם כשהם במקומם כל
אחד באותו מקום שהכינו והעמידו בבריאתו הוא טוב. וזהו
"וערומים יכתירו דעת".

---

100. Véase *Génesis* III-6.

101. Véase *Génesis* III-1.

102. Véase *Proverbios* XIV-15.

103. Véase *Éxodo* XXII-16.

104. Véase *Proverbios* I-4.

105. Véase *Proverbios* XIV-18.

Y si tú dijeras «Y Dios vio todo lo que había hecho, y
he aquí, era muy bueno»,[106] has de saber que toda obra
de Dios, cuando están en su lugar, cada uno en el mismo lugar que le fue preparado y establecido en su creación, es buena. Y esto es «mas los cuerdos se coronarán
de sabiduría». [107]

ואם להפך ויצא ממקומו הוא רע לגמרי, שזו היא החכמה
השלימה. והטוב הגמור בבריאתו של עולם בהיות כל הב־
ריות שברא הש"י על הצורה ועל המקום שהכינם והעמידם
נקראות טובות ובהפך נקראות רעות. ולפיכך נאמר "עושה
שלום ובורא רע".

Y si por el contrario está fuera de su lugar es completamente mala, esa es la sabiduría completa. Y el bien
completo en la creación del mundo está en todos los
seres que los de bendita memoria crearon en la forma y
el lugar que los prepararon y colocaron; se llaman bue-
nos y en el caso contrario se llaman malos. Por lo tanto
ha sido dicho «que hago la paz y que creo el mal».[108]

אמר בענין השלום לשון עשיה ולא כן אמר בענין הרע אלא
לשון בריאה. כי הפרש גדול ביניהם שהבריאה אינה של־
מות גמר הדבר אלא העשיה. וכתי' "כל הנקרא בשמי ולכ־
בודי בראתיו" וכתי' אשר ברא אלהים לעשות» ונמצא עץ

---

106. Véase *Génesis* I-31.
107. Véase *Proverbios* XIV-18. La palabra que se utiliza es *Daat*, «conocimiento».
108. Véase *Isaías* XLV-7.

הדעת הטוב והרע דבוקים בו, הטוב בהיות הנחש בחוץ במ־
קומו הידוע לו, והרע בהיותו נכנס להיות להיכל הקדש. נמצא
הטוב והרע דבוקים במקום אחד. וע"י הדבר הנקרא דרך, מת־
חברים, אמנם בסבת האשה.

Ha sido dicho a propósito de la paz que se llama *Assiah* «lo que lo hizo» y no ha sido dicho a propósito del mal, que se llama *Briah* «lo que lo creó». Porque la gran diferencia entre ellos es que la creación no es la finalización de la cosa, sino el hacer.[109] Como ha sido escrito: «todos los llamados de mi nombre; y para gloria mía los críe, etc.»[110] Y ha sido escrito «que Dios había creado y hecho»[111] y el Árbol del Conocimiento del Bien y del Mal se encuentra en él, siendo el bien la serpiente afuera en su lugar conocido, y el mal en el ser entró en el santuario sagrado. Por lo tanto, el bien y el mal se encuentran adheridos en un solo lugar. Y al lado de la cosa llamada «camino», están conectados, ciertamente a causa de la mujer.

ואחר שידעת זה דע שהש"י כתב בתורה "ואל אשה נדת טו־
מאתה לא תקרב" וכתי' «והדוה בנדתה" וכתי' "ואם טהרה
מזובה וספרה»

---

109. Los cabalistas no consideran a la creación como un asunto concluido, sino como algo continuo, que constantemente se está rehaciendo.
110. Véase *Isaías* XLIII-7.
111. Véase *Génesis* II-3.

Y después de haber sabido esto, has de saber, que el Señor se apiade, que está escrito en la *Torah*: «Y no te acercarás a la mujer en la separación de su inmundicia, para descubrir su desnudez»,[112] y ha sido escrito: «y de la que padece su costumbre»[113], y ha sido escrito: «Y cuando fuere limpia de su flujo».[114]

וכתי' "וערלתם ערלתו את פריו". את פריו ממש שהעץ טוב ואין בו רע אבל הפרי יש בו טוב ויש בו רע. וכתי' "ותרא האשה כי טוב העץ למאכל" וכתי' "ותקח מפריו ותאכל" וכתי' וערלתם ערלתו את פריו". וכתי' "ובשנה הרביעית" זהו הדרך, וכתי' "בשנה החמישית" זו היא האשה.

Y ha sido escrito: «tendréis por prohibido su fruto».[115] El fruto, ciertamente, porque el árbol es bueno y no hay nada malo en él, pero el fruto es bueno y malo. Y ha sido escrito: «Y vio la mujer que el árbol era bueno para comer»,[116] y ha sido escrito «y tomó de su fruto, y comió»[117] y ha sido escrito: «tendréis por prohibido su fruto».[118] Y ha sido escrito: «pero en el cuarto año»,[119]

---

112. Véase *Levítico* XVIII-19.

113. Véase *Levítico* XV-33.

114. Véase *Levítico* XV-28.

115. Véase *Levítico* XIX-23.

116. Véase *Génesis* III-6. De ahí la importancia de vigilar lo que miramos, pues la vista puede inducirnos a pecar.

117. *Ibid.*

118. Véase *Levítico* XIX-23.

119. Véase *Levítico* XIX-24.

éste es el camino, y ha sido escrito: «y en el quinto año»,[120] es la mujer.

ואחר שהודענוך אלו העקרים הגדולים ראוי לתקן לפניך דרך בידיעת המרכבות ואז תראה ענין הנחש בעניינים[121] (אולי בעינים). דע כי השם ית' תקן סדרי המרכבות מגדול"ה וגבור"ה ולמטה בדרך שאודיעך, היכל הקדש מכוון באמצע תפארת גאון יעקב, אברהם חומה מכאן מוקפת סביב ההיכל לימין ויצחק לשמאל סמוך לאברהם, ישמעאל שורה אחרת ונקרא בן השפחה ובו נאחזים ל"ה שרים, וחוצה לכולם בני קטורה הנקראים בני הפלגשים. וכבר ביארנו על נכון ענין זה גם ביצחק.

Y después de haberte informado sobre estos grandes principios, conviene corregir ante ti la forma de conocer la *Merkavah* y entonces verás el asunto de la serpiente tal como es (Quizás «con los ojos»).[121] Has de saber que el Eterno, bendito sea, corrige el orden de los carros desde *Guedulah* y *Guevurah* hacia abajo en la forma en que te informaré, el Templo sagrado está en medio de *Tiferet*, la gloria de Jacob,[122] Abraham construyó un muro alrededor del templo a la derecha e Isaac a la izquierda al lado de Abraham, Ismael hizo otro muro, y es llamado hijo de la esclava y los 35 príncipes, y en medio de todos los hi-

---

120. Véase 1 *Reyes* XIV-25.

121. Probablemente haya una letra *Iod* de más en *Beniinim* (בעניינים) a causa de un error de transcripción que se ha ido arrastrando.

122. Véase *Salmos* XLVII-5.

jos de Cetura llamados los hijos de las concubinas. Y ya hemos aclarado este asunto también en relación a Isaac.

נמצאת למד כי הקרובים להיכל הקדש הם מזוקקים והם טהורים יותר, והרחוקים מהיכל הקדש כפי רחוקם כך רבוי זוהמתם.

Y hemos aprendido que aquellos que están cerca del Templo sagrado son más refinados y más puros, y los que están lejos del Templo sagrado; cuanto más lejos están, más contaminados están.

ודע כי יש כמה קליפות סביב שבעים שרים של שבעים כת־רים וכן למטה כנגד נצ"ח והו"ד ויסו"ד. ויש מחנות כדוגמת השרים והקליפות העליונות, כולם נקראו מחנות של טהרה ומהם של טומאה. אותם של טהרה הם יותר קרובות להיכל והאחרות הולכות ומתרחקות.

Y has de saber que hay unas cuantas *Klippoth* alrededor de 70 príncipes de 70 coronas; así como abajo, enfrente de *Netsaj* y *Hod* y *Iesod*. Y hay campamentos tal como los príncipes y las *Klippoth* superiores. Todos ellos fueron llamados campamentos de pureza y los otros de impureza. Los de pureza están más cerca del Templo sagrado y los demás se están alejando cada vez más.

והנני מוסר בידך מפתח גדול. דע כי אין בעולם דבך טמא כשהוא עומד במקומו הראוי לו מתחלת הבריאה, ואין בכל

המחיצות דבך שאין בו טומאה וטהרה אלא לפנים מן ההיכל,
ואין לך דבך שנקרא טהור שאינו נקרא לפעמים בלתי טהור
חוץ מן השורה הפנימית. ואין לך דבר בכל הטמאים שאינו
נקרא טהור לפעמים חוץ מן החיצון שהוא טמא לגמרי.

Y he aquí te transmito (con la mano) una clave muy importante. Has de saber que en el mundo no hay acto inmundo cuando éste se mantiene en su lugar, el adecuado para él desde el principio de la creación, y no hay ningún acto en todos los muros de separación que no tenga al mismo tiempo impureza y pureza excepto dentro del Templo, y no existe acto de los llamados puros que a veces no se llame impuro, excepto en lo más interior. Y nada tienes en todo lo inmundo que no se llame a veces puro, excepto en lo de afuera, que es completamente inmundo.

וזהו סוד "ויבדל אלהים בין האור ובין החשך" וזהו סוד עשר
קדושות בארץ ישראל זו לפנים מזו. ועשר טומאות פורשות
מן האדם זו למעלה מזו. וזהו סוד שלש מחנות.

Y éste secreto es «y apartó Dios a la luz de las tinieblas»,[123] y éste es el secreto de diez santidades en la tierra de Israel,[124] una dentro de la otra. Y diez impurezas se

---

123. Véase *Génesis* I-4.
124. Véase *Mishnah*, tratado de *Kelin*, 1,6: «Hay diez grados de santidad: la tierra de Israel es más santa que la de todos los demás países».

separan del hombre, una encima de la otra. Y éste es el secreto de tres campamentos.

וזהו שנאמר "וישלחו מן המחנה כל צרוע וכל זב וכל טמא לנפש« ששולחים אותם מג' מחנות. ודע כי כל אלו הקדושות והטומאות על דברים שהזהירה תורה עליהם בענין טומאה כולם אין בהם דבר טהור כשאין בו צד טומאה מלבד השורה הפנימית.

Y esto es lo que ha sido dicho: «que echen del campo a todo leproso, y a todos los que padecen flujo de semen»[125] que sean expulsados desde tres campamentos. Has de saber que toda esta santidad e impureza sobre las cosas sobre las que la *Torah* ha advertido en materia de impureza no tienen nada de puro en ellas cuando no hay ningún lado de impureza excepto la fila más interior.

ואין לך טמא שאין בו צד טהרה מלבד השורה החיצונה לגמרי. וכל הטומאות והטהרות כולן יש להן למעלה במרכבות מקום אחיזה ותולדה ומקור קיום ועמידה, כל אחת במקומה ושיעורה כדמיון המים המתוקין והמלוחים יש להם מקורות ממה שנמשכים, ואע"פ שיש מקור אחד פנימי שהם מתוקים, ודע כי ע"י המערכות שהמים נובעים בהם משתנה טעמם, מים מתוקים ומהם מרים ומהם מלוחים ומהם חמוצים ומהם עפוצים ומהם נקראים המים הזדונים ומים הרעים ושאר מיני שמות.

---

125. Véase *Números* V-2.

Y no hay impureza en la que no haya un lado puro,
además del muro exterior. Y todas las impurezas y purezas tienen arriba en los carros un lugar donde adherirse
y una fuente de existencia donde mantenerse de pie,
cada una en su lugar y proporción como la semejanza
del agua dulce y salada, que tienen fuentes de las que se
extraen, y aunque hay una fuente interna: son dulces,
agua dulce y algunas amargas y otras saladas y algunas
agrias y algunas amargas y algunas se llaman aguas ma-
lignas y aguas malas y otros tipos de nombres.

ובדרך זו אין למטה חול"ד ועכב"ר וצ"ב ושאר מיני שקצים
ורמשים ומיני עופות ודגים אסורים וטמאים שאין להם מקום
אחיזה למעלה בשלש מערכות, מערכת השרים ומערכת
המחנות ומערכת הארצות. וכל מין ומין הטהורים והטמאים
למטה מושך ממקומו.

Y de esta manera abajo no hay ratas y ratones y tor-
tugas y otras especies de bichos y reptiles y especies de
aves y peces prohibidos e inmundos que no tienen lugar
donde adherirse arriba en tres sistemas, el sistema de los
príncipes y el sistema de los campamentos y el sistema
de las tierras. Y todas las especies puras e impuras inmundas de abajo salen de su propio lugar.

ולפי שראוי להיות הטהורים בפנים והטמאים בחוץ צוה
הקב"ה את ישראל שלא יאכלו הדברים שטמא להם והש-

קצים ששקץ להם. לפי שישראל הם טהורים והם חלקו של
מקום והם שוכנים בהיכל פנימי.

Y de acuerdo con lo que es puro por dentro e impuro por fuera, el Santo, bendito sea, ordenó a Israel que no comiera nada que fuera impuro para ellos, ni reptiles inmundos para ellos. Porque Israel es puro y forman parte de un lugar[126] y residen en un palacio interior.

ואילו יאכלו הדברים הטמאים הרי ישראל מטמאים שכל
פנימי שבהם כשהם נכנסים בהיכל וגופן מטומא ומשוקץ
באותם הדברים, ודומה חטאם לחטא אדם הראשון שאכל
מפרי עץ הדעת טוב ורע וראויים גלות וגרושין כמו שגירש
הקב"ה לאדם הראשון מגן עדן, אבל ראויים ליבדל מכל הד-
ברים לגמרי דכתי' "והבדלתם בין הבהמה הטהורה לטמאה"
וגו' "ולא תשקצו את נפשותיכם בבהמה ובעוף" וכתי' "כי
אני יהוה" אלהיכם ר"ל כמו שאני טהור ושכינתי בהיכל פני-
מי ואתם חלקי וגורלי ראוי לכם שלא תאכלו הדברים שהם
טמאים כדי שלא תטמאו את המקדש.

Y si comieran cosas impuras, Israel se contaminaría de todo lo interior de ellas cuando entran al Templo, y sus cuerpos serían impurificados y contaminados por las mismas cosas, y su pecado sería similar al pecado del Adán primordial que comió del fruto del Árbol del Conocimiento del Bien y del Mal, y merecerían el exilio y

---

126. *Makom*, «lugar», es también un nombre de Dios.

la expulsión, como el Santo, bendito sea, expulsó al Adán primordial del Jardín del Edén, pero merecen distinguir completamente todas las cosas, según ha sido escrito: «Por lo tanto, vosotros haréis diferencia entre animal limpio e inmundo, etc».[127] «Y no contaminarás tu alma con bestias y con aves»[128] y ha sido escrito: «porque yo soy el Eterno»[129] tu Dios, lo que quiere decir que así como yo soy puro y he morado en un palacio interior y tú eres mi parte y mi destino te mereces no comer las cosas que son impuras para que no contaminen el Templo.

ואחר שידעת זה, דע כי הדברים שהם טמאים כל הכחות החיצונים השוכנים סביב היכל הקדש הפנימי בין אותם הכ־חות החיצונים שהם קרובים להיכל בין אותם שהם רחוקים משיגים ורואים כל אחד כפי שראוי תוקף גדולת הש"י ויופיו ונועם היכלו.

Y después de saber esto, has de saber que las cosas que son inmundas son todas ellas fuerzas externas que residen alrededor del Templo Sagrado interior entre esas fuerzas externas que están cerca del Templo entre los que están lejos se alcanzan y se ven cada una como me-

---

127. Véase *Levítico* XX-25.

128. Véase Talmud, tratado de *Meilá*, 16 b. El texto talmúdico dice exactamente «y no harás detestables tus almas por los animales, los pájaros o cualquier cosa que pulula en el suelo».

129. Véase *Éxodo* XXIX-46.

rece la grandeza del Eterno, bendito sea, la belleza y el encanto de su Templo.

אבל אינם נכנסים לפנים ואין לאחד מהם רשות לצאת חוץ לגבולו אלא כל אחד עומד במקומו רואה ומשיג מס"ך ופרגו"ד. וכן כל כחות הטומאה שומעים ויודעים כל אחד במ־ קומו הראוי לו במחיצתו לפי שאין לשום אחד מהם רשות ויכולת להכנס לפנים ולצאת חוץ למחיצתו במקומו הראוי לו במחיצתו לפי שאין לשום אחד מהם רשות ויכולת להכ־ נס לפנים ולצאת חוץ למחיצתו, ומחיצה שלו נקראת פרגוד. וזהו אמרם בכל מקום, כך שמעתי מאחרי הפרגוד.

Pero no entran y ninguno de ellos puede salir fuera de sus límites, pero todos están de pie en su lugar, ven a través de un velo y una cortina. Y todas las fuerzas de la impureza escuchan y conocen cada una en el lugar que merecen en su lado, y ninguna de ellas tiene permiso y capacidad para entrar y salir de su lado. Y su límite se llama «cortina».[130] Y esto es lo que decían en todas par- tes y lo escuché detrás de una cortina.

והנה כל אותם הכחות החיצונים הרואים יופי ההיכלות הפני־ מיים והמעדנים והתענוגים והכתרים והנחלות והששון והש־ מחה שהם בהיכלות הפנימיים מתאוים ונכספים להכנס. לה־ דבק בהיכלי ענג הפנימיים. לפי שבפנים עומדים כל שמחות

---

130. La guematria de *Pargod*, «cortina» es 293, la misma que la de «bien y mal».

ותענוגים ומעדנים ומיני כבוד אבל בחוץ אין שם זולתי אותם
הגרעינים והעצמות והקליפות שלא יתערבו מבפנים.

Y he aquí que están todas esas fuerzas externas, que
ven la belleza de los palacios interiores y los manjares y
los placeres y las coronas y las heredades y el gozo y la
alegría que están en los pasillos interiores, desean y an-
helan entrar para adherirse a los palacios interiores del
placer. De acuerdo con eso, adentro están todas las ale-
grías y los placeres y las delicias y tipos de gloria, pero en
el exterior no hay más que cáscaras, huesos y las *Klippoth* que no intervienen desde el interior.

וזהו סוד משעול הכרמים והסוד הנותן מטר על פני הארץ
על פני חוצות ומרוב תשוקת הכחות החיצונים ותאותם לה־
כנס לפנים ונכספין ומשתוקקין אין שקטין רגע שלא מתאוין
להכנס ולהדבק בפנים. דע כי האדם לבדו יש כח ותאוה לה־
כנס לפנים ולצאת לחוץ.

Y éste es el secreto del sendero de los viñedos[131] y el
secreto que da la lluvia a la faz de la tierra encima de las
calles y aumenta el deseo de las fuerzas externas y su
deseo de entrar al interior, y no hay un momento de
silencio en el que no deseen entrar y quedarse dentro.
Has de saber que sólo el hombre tiene el poder y la
ambición de entrar y salir.

---

131. Véase Talmud, tratado de *Eruvin* 24 b.

וזהו סוד "נעשה אדם בצלמנו כדמותינו" וכתי' "הן אדם היה
כאחד ממנו לדעת טוב ורע" וכו' ולפי שהאדם משוכלל בכל
הדברים העליונים והתחתונים נתן השם ית' בידו לבוא להיכל
הקדש ולצאת לחוץ ולהכניס ולהוציא, אבל צוה אותו והפ־
קידו שישמור לבל יכניס טמאים לפנים ואל יוציא טהורים
לחוץ.

Y éste es el secreto de «hagamos al hombre a nuestra
imagen, según nuestra semejanza»[132] y ha sido escrito:
«He aquí el hombre es como uno de nosotros sabiendo
el bien y el mal, etc.».[133] Y de acuerdo con esto, el hombre es perfecto en todas las cosas superiores e inferiores,
el Eterno, bendito sea, le dio la capacidad con su mano
para que fuera al Templo sagrado y saliera y entrara dentro y fuera. Pero le ordenó que lo administrara y guarda-
ra,[134] no fuera que trajera cosas impuras delante de él y
sacara las puras afuera.

וכן צוה הקב"ה לאדם הראשון ויניחהו בגן עדן לעבדה ולש־
מרה, לעבדה ולשמרה בודאי. מכאן תבין כמה הוא כחו של
אדם בקיום המצות או בעשות עבירה ולפי שהאדם הוא רגל
מרכבות עליונות ותחתונות יש בו כח לצאת ולבא ולהביא
ולהוציא, נצטוה בגן עדן בתחילה ונצטוה בהר סיני בסוף.

---

132. Véase *Génesis* I-26.

133. Véase *Génesis* III-22.

134. De alguna manera se está equiparando el Templo con el Gan Eden.

Y el Santo, bendito sea, ordenó al Adán primordial y lo puso en el Jardín del Edén para el trabajarlo y guardarlo, para trabajarlo y guardarlo ciertamente. A partir de esto comprenderás cuánto poder hay en el hombre. El hombre guarda una *Mitzvah* o comete un delito, y como el hombre es una pierna de los carros superiores e inferiores, tiene el poder de salir y venir y traer y sacar, al principio se le ordenó en el Jardín del Eden y al final en el monte Sinaí.

ואחר שידעת זה דע כי כל הכחות החיצונים הטמאים השו־
כנים בחוץ ורואים מבחוץ מעלת היכל פנימי ותענוגיו ומעד־
ניו ותפארתו וכבודו ויודעין שאינם יכולים ליכנס לשם בשום
צד ועניין, אלא האדם לבד, משתוקקין ונכספים לידבק באדם,
שאינם יכולים לידבק באדם אם לא יעבור עבירה מעין אותו
הדבר שהם רוצים, והם משתדלים תמיד להשכיל את האדם
בעבירה כדי שימצא מהן אותה עבירה לידבק באדם.

Y después de que conocieras esto, has de saber que todas las fuerzas externas inmundas moran afuera y ven desde afuera la grandeza del palacio interior y sus placeres y manjares y su gloria y honor y conocimiento, y saben que no pueden entrar por ningún lado, sino sólo a través del hombre, el silencio y el anhelo de adherirse al hombre. Porque nada puede adherirse al hombre si no comete un pecado como ellos quieren, y siempre intentan educar al hombre en el delito para que encuentre de ellos el mismo delito para contagiar al hombre.

וכשעובר אדם עבירה אזי הם נדבקים בו ונכנסין עמו להיכל
הקדש למקום שהוא נכנס, ונמצא צלם שנכנס בהיכל לפי
שאין להם רשות להכנס אלא על ידי אדם.

Y cuando una persona comete una transgresión entonces se aferran a él y entran con él al Templo sagrado,
al lugar donde entra, y se encuentra un ídolo que entra
en el Templo que no está autorizada a entrar si no es de
la mano del hombre.

וזהו סוד "ראה נתתי לפניך היום את החיים ואת הטוב ואת
המות ואת הרע» ונמצאו כל הטהרות והטומאות דבקות
באדם והאדם גורם לתקן עולם או לחורבנו. זהו דרך אדם
הראשון ועניינו ומעשהו לקח אותו השם ית' ויניחהו בגן עדן
וצוהו לבל יוציא טהורים לחוץ ולא יכניס טמאים לפנים ולא
יערב טהורים עם טמאים לא במעשה ולא בדבור לא במאכל
ולא במשתה.

Y éste es el secreto de «Mira, yo he puesto delante de
ti hoy la vida y el bien, la muerte y el mal»[135] y se encontró que todas las purezas e impurezas se adhieren al
hombre y el hombre hace que un mundo sea corregido
o destruido. Y éste es el camino del Adán primordial y
su interés y su obra. Y lo llamó el Eterno, bendito sea,
y lo colocó en el Jardín del Edén y le ordenó que no
sacara de los puros y no trajera sobre ellos cosa inmunda

---

135. Véase *Números* XXX-15.

y no mezclara lo puro con lo impuro ni en sus actos ni en sus palabras, comida o bebida.

וזהו סוד לעבדה ולשמרה, וצוהו שלא יאכל מעץ הדעת טוב ורע שהוא כלל כל מה שאמרנו בגופו ובאכילתו הכל תלוי, והוא עבר ואכל ושתה מן הנקרא "חמת תנינים יינם" וטמא עליונים ותחתונים. כתי' "אך שמריה ימצו ישתו כל רשעי ארץ".

Y éste es el secreto de «trabajarlo y cuidarlo», y se le ordenó que no comiera del Árbol del Conocimiento del Bien y el Mal, que incluía todo lo que dijimos en su cuerpo y de lo que todo dependía de comer, y pasó, comió y bebió de lo que se llama «Veneno de dragones es su vino»[136] y la impureza de arriba y de abajo. Ha sido escrito «ciertamente sus heces chuparán y tragarán todos los impíos de la tierra».[137]

ונמצא שחטא אדם הראשון בעולם התחתון ועליון בפעו־ לת ידים ובמעשה, וקצץ בנטיעות והוסיף לעשות, וגורש מן ההיכל הקדוש הנקרא היכל הפנימי שמא יוסיף להכניס צלם גם בקדשי הקדשים ויגדל חטא. וזהו סוד "הן האדם היה כאחד ממנו לדעת טוב ורע ועתה פן ישלח ידו ולקח גם מעץ החיים" וגו' "וישלחהו האלהים מגן עדן".

---

136. Véase *Deuteronomio* XXXII-33.
137. Véase *Salmos* LXXV-8.

Y se encontró que el primer hombre pecó en el mundo inferior y superior con sus manos y sus hechos, y cortó las plantaciones y continuó haciéndolo, y fue expulsado del Templo sagrado llamado el templo interior para que no siguiera introduciendo un ídolo también en el *Sancta Sanctorum* y aumentase el pecado. Y éste es el secreto «He aquí el hombre es como uno de Nosotros, sabiendo el bien y el mal; ahora, pues, que no alargue su mano, y tome también del árbol de la vida, etc.»[138] y «y lo sacó Dios del Jardín del Edén».[139]

ואחר שהודיענוך אלו העקרים דע כי הנחש הקדמוני בתחי־
לת בריאתו של עולם הוא עומד מבחוץ לחומות הקדש כולן
דכתי' "והנחש היה ערום מכל חית השדה" ממש, אבל היה
רואה ושומע מאחרי הפרגוד ולא היה יכול לצאת ולבוא חוץ
למחיצתו, ואותו נחש היה עומד בקומה זקופה ראשו בזרו־
עות הנקראות במות עולם וסוף זנבו יורד עד שאול ואבדון
והערלה נקשרת בו, והוא היה מוכן לעבוד עבודת רתיחת
הטבעים כולן אבל מבחוץ, הביט וראה כבודו של אדם בהיכל
הקדש וראה עבודתו שלו ושעבודו מבחוץ וראה שאין לו
דרך ליכנס אלא על ידי אדם. ונתגלגל הענין וטימא היכל הפ־
נימי עד בוא אשר לו המשפט.

Y después de haberte informado de estos principios, has de saber que la serpiente primordial estaba de pie al

---

138. Véase *Génesis* III-22.
139. Véase *Génesis* III-23.

comienzo de la creación del mundo fuera de los muros del Templo según ha sido escrito: «Pero la serpiente era astuta, más que todos los animales del campo»[140] literalmente, pero ella veía y oía detrás de la cortina y no podía salir e ir afuera del límite que le correspondía, y esa serpiente se mantenía de pie sobre el suelo y su cabeza estaba erguida en los brazos llamados «la muerte del mundo» y el final de su cola bajaba hasta el *Sheol* y la condenación y la circuncisión estaba atada a ella. Y estaba dispuesta a hacer el trabajo de hervir toda la naturaleza pero desde afuera, y miró y vio la gloria de Adán en el Templo y vio su propio trabajo y su esclavitud desde afuera y vio que no tenía forma de entrar excepto por medio del hombre. Y se enrolló y profanó el palacio interior hasta la llegada del juicio.

והנה מה שהיה תחילה בכלל טוב, בכלל ברכה, נתחלל ונד־
בקה בו הקללה ונפל ממקומו למטה למקום הנקרא דרך ואין
דרך להוציאו מאותו מקום עד בו הזמן, שנאמר "והיה צדק
אזור מתניו והאמונה אזר חלציו».

Y he aquí que lo que al principio era totalmente bueno, bendición total, fue maldecido y se adhirió a él y cayó de su lugar a un lugar llamado «camino» y no hay forma de sacarlo de ese lugar hasta ese momento, como

---

140. Véase *Génesis* III-1.

ha sido dicho «Y será la justicia cinto de sus lomos, y la fe cinto de sus riñones».[141]

ודע שזהו סוד גיד הנשה הדבק בכף הירך, ואע"פ שיעקב אבינו מטתו שלימה גיד הנשה נשאר בו והרי הכניסו אדם הראשון לפנים ותקעו בכף הירך, ולפיכך "וירא כי לא יכל לו ויגע בכף ירכו ותקע כף ירך יעקב" וכתי' "והוא צולע על ירכו", וכתי' "ויקח אחת מצלעותיו" וכתי' "כי אני לצלע נכון" וכתי' "ובצלעי שמחו ונאספו" וכתי' "ולצלע המשכן השנית" ולפיכך אסרוהו בני יעקב מעצמם ולא המתינו לסיני וזהו שבח שלהם "כי לא נחש ביעקב".

Y has de saber que éste es el secreto del tendón que se pega al muslo, y a pesar de esto Jacob, nuestro padre, está completo, el tendón permanece en él, después de todo, el Adán primordial se metió dentro y se adhirió al muslo. Y por lo tanto «Y cuando el varón vio que no podía con él, tocó la palma de su muslo, la palma del muslo de Jacob»,[142] y ha sido escrito «y cojeaba de su muslo»[143] y ha sido escrito «entonces tomó una de sus costillas»[144] y ha sido escrito «porque estoy a punto de claudicar»[145] y ha sido escrito «Pero ellos se alegraron en

---

141. Véase *Isaías* XI-5.
142. Véase *Génesis* XXXII-25.
143. Véase *Génesis* XXXII-31.
144. Véase *Génesis* II-21.
145. Véase *Salmos* XXXVIII-17.

mi cojera»[146] y ha sido escrito «Y al otro lado del tabernáculo»[147] Y por lo tanto, los hijos de Jacob se lo prohi-
bieron a sí mismos y no esperaron al Sinaí y ésta es su
alabanza «Porque en Jacob no hay agüero».[148]

ואחר שע"י שידעת זה, דע כי הנחש הקדמוני יש לו דברים
הרבה בכותל המרכבה מבחוץ וכשהכניסו אדם לפנים נש-
תרשו גידיו בכמה דברים ודרכים ונאחזו ע"י לוט ובניו מצד
הימין וע"י עשו ועמלק מצד שמאל ועדיין הוא נאחז.

Y después de que sepas esto, debes saber que la serpiente antigua tiene muchas cosas en la pared del carro
desde afuera, y cuando el hombre fue traído dentro, sus
tendones echaron raíces en varias cosas y formas, y fueron apresados a causa de Lot y sus hijos a la derecha y a
causa de Esaú y Amalek a la izquierda y todavía está
atado.

ועליו כתיב "כי יד על כס יה מלחמה ליהוה בעמלק" וכתי'
בשאול "והכית את עמלק" ולא גמר המצוה שהיא גמר דבקה
במלכו"ת ואיבד המלכות ובא דוד ע"ה ועקר ממנו נחלת
עמלק ולקח את עטרת מלכם.

---

146. Véase *Salmos* XXXV-15.
147. Véase *Éxodo* XXVI-20.
148. Véase *Números* XXIII-23.

Y a propósito de esto ha sido escrito «Por cuanto Amalek levantó la mano sobre el trono del Eterno»[149] y ha sido escrito a propósito de Saúl «y hiere a Amalek»[150] y no terminó la *Mitzvah* que se acaban adhiriéndose a *Maljut* y perdió el reino y vino David, que en paz descanse, y tomó de él la heredad de Amalek y tomó la corona real.

ודע כי שני שרפים עומדים סביב היסו"ד אחד מזה ואחד מזה ומבדילין בא קדש לחול וגו', ובין יום השביעי וכו'. ובהם סוד הקדושה תלויה ושלש קדושות הן, קדושת יוצר וקדושת עמידה וקדושת היום ושלשתן דבקות במרכבה.

Y has de saber que dos serafines están de pie alrededor del *Iesod,* uno enfrente al otro, y separan lo sagrado de lo profano, etc. De ellos depende el secreto de la santidad, y hay tres santidades, la santidad del Creador y la santidad de la Amidá[151] y la santidad del día, y las tres están aferradas a la *Merkavah.*

ואלו השרפים הם שומרים היכל הקדש לבל יגעו בו נחשים ולא דברים טמאים והם מקוה טהרה לטמאים. והם שראה ישעיהו הנביא ע"ה "בשנת מות המלך עוזיהו ואראה את אדני» וגו' "שרפים עומדים ממעל לו אף כי כי נדמיתי כי איש טמא שפתים אנכי" וגו' וכתי' "וישלח יהוה בעם את הנחשים

השרפים" וכתי' "נחש שרף ועקרב" וכתי' «עשה לך שרף"
וכתי' "ויעש משה נחש נחשת" "הכל עשה יפה בעתו" וכתי'
"מזה בידך ויאמר מטה ויאמר השליכהו ארצה ויהי לנחש"
וכתי' "הצור תמים פעלו" «והביט נחש הנחשת וחי" וכתי'
"קדוש יהיה" וכתי' "טהור הוא».

Y estos serafines son los guardianes del Templo sagrado para que no lo toquen las serpientes ni las cosas inmundas, y son una *Mikveh* de pureza para los inmundos. Y son ellos los que vio el profeta Isaías, que en paz descanse, «En el año que murió el rey Uzías vi yo al Eterno, etc.».[152] «Y encima de él estaban serafines»;[153] cada uno tenía seis alas; con dos cubrían sus rostros, y con dos cubrían sus pies, y con dos volaban». «¡Ay de mí! que soy muerto; que siendo hombre inmundo de labios».[154] Y ha sido escrito «Y el Eterno envió entre el pueblo serpientes ardientes»,[155] y ha sido escrito «de serpientes ardientes, y de escorpiones»,[156] y ha sido escrito «hazte una serpiente»[157] y ha sido escrito «Y Moisés hizo una serpiente de bronce»,[158] «Todo lo hizo hermoso en su tiempo»[159] y ha sido escrito «¿Qué es eso que tienes

---

152. Véase *Isaías* VI-1.

153. Véase *Isaías* VI-2.

154. Véase *Isaías* VI-5.

155. Véase *Números* XXI-6.

156. Véase *Deuteronomio* VIII-15.

157. Véase *Números* XXV-8.

158. Véase *Números* XXV-9

159. Véase *Eclesiastés* III-11.

en tu mano? Y él respondió: una vara. Él le dijo: échala en tierra. Y él la echó en tierra, y se tornó una culebra».[160] Y ha sido escrito «Él es la Roca, cuya obra es perfecta»[161] «si éste miraba a la serpiente de bronce, vivía»[162] y ha sido escrito «y lo santificarás»[163] y ha sido escrito «y serás puro».[164]

שרף סוד הקדושה, נחש סוד הטהרה, כתי' "כל ימי נזרו קדש הוא" וכתי' "גבא«, הוא טהור הוא הקדושה תוספת אצילות מן הכת"ר הטהרה הוצאת כחות חיצונים לחוץ. כתי' "יגלח אדני בתער השכירה... את הראש ושער הרגלים" וזה סוד הכהנים והלויים.

El Serafín es el secreto de la santidad, la serpiente es el secreto de la pureza, como ha sido escrito «Todo el tiempo de su nazareato, será santo»[165] y ha sido escrito «él es limpio, él es santo» «es pura es la santidad además de la nobleza de *Keter*», la expulsión de las fuerzas externas. Y ha sido escrito «raerá el Señor con navaja alquilada… cabeza y pelos de los pies»[166] «y éste es el secreto de los sacerdotes y los levitas.

---

160. Véase *Éxodo* IV-2 y 3.
161. Véase *Deuteronomio* XXXII-4.
162. Véase *Números* XXI-9.
163. Véase *Levítico* XXI-8.
164. Véase *Éxodo* XXX-35.
165. Véase *Números* VI-8.
166. Véase *Isaías* VII-20.

וכשתבין עקרים הללו יתבאר לפניך סוד נחש עקלתון וסוד
התנין כי נחש ביבשה ותנין בים והכל תיקון המרכבה, והסוד
"כי לא נחש ביעקב" וכתיב בלבן הארמי «נחשתי ויברכ־
ני יהוה בגללך" וכתי' "ועשית מעקה לגגך... כי יפול הנופל
ממנו" כתי' "נופל וגלוי עינים" כתי' "כי ימצא חלל באדמה
נופל בשדה» «הנפילים היו בארץ" כתי' "כי כשלה ירושלם
ויהודה נפל" וכתי' "השליך משמים ארץ תפארת ישראל"
לפיכך סומך י"י לכל הנופלים לאותם שהם בסמיכה כתי' נו"ן
סמ"ך עי"ן כ"ה לפיכך אין נו"ן במזמור תהלה לדוד ואין קו"ף
במזמור אליך י"י נפשי אשא.

Y cuando entiendas estos principios, te será revelado
el secreto de la serpiente tortuosa y el cocodrilo, porque
la serpiente es en la tierra y el cocodrilo en el mar y toda
la rectificación de la *Merkavah*, y el secreto de «porque
no hay agüero en Jacob»[167] y ha sido escrito a propósito
de Labán el arameo «he experimentado que el Eterno me
ha bendecido por tu causa»[168] y ha sido escrito «harás
pretil a tu terrado… si de él cayere alguno»[169] y ha sido
escrito «caído, mas abiertos los ojos»[170] y ha sido escrito
«Cuando fuere hallado en la tierra algún muerto echado
en el campo», «había gigantes en la tierra»[171] «Pues arrui-

---

167. Véase *Números* XXIII-25.
168. Véase *Génesis* XXX-27.
169. Véase *Deuteronomio* XXII-8.
170. Véase *Números* XXIV-4.
171. Véase *Génesis* VI-4.

nada está Jerusalén, y Judá ha caído»[172], y ha sido escrito: «Derribó del cielo a la Tierra la hermosura de Israel»,[173] por lo tanto, «el Eterno sostiene a los que caen,»[174] a aquellos que están cerca. Está escrito *Nun* (נו"ן), *Samej* (סמ"ך), *Ayin* (עי"ן), *Kaf* (כ"ה), por lo tanto no hay *Nun* (נו"ן) en el Salmo de David[175] y no hay *Kof* (קו"ף) en el Salmo «oh Eterno, levantaré mi alma».[176]

וזהו שארז"ל אין אדם חשוב רשאי ליפול על פניו אלא א"כ נענה כיהושע, כתי' ביהושע "קום לך למה זה אתה נופל על פניך" כתי' "כי נפלתי קמתי" לא נאמר אקום אלא קמתי קודם לכן קמתי נרפה לישראל ונגלה שני מזמורים אחד לבינ"ה ואחד למלכו"ת. תהלה לדוד לבינ"ה, אלהי בך בטחתי למלכו"ת בזה אין נו"ן בזה אין בו קו"ף.

Y esto es que, como dicen nuestros maestros de bendita memoria, «no se le permite a una persona importante caer de bruces»,[177] pero en este caso él respondió como Josué: está escrito en Josué «Levántate; ¿por qué te postras así sobre tu rostro?»,[178] y está escrito «porque

---

172. Véase *Isaías* III-8.

173. Véase *Lamentaciones* II-1.

174. Véase *Salmos* CXLV-14.

175. En referencia al *Salmo* CXLV en el que aparecen todas las letras del alfabeto al principio de un versículo, excepto ésta.

176. Véase *Salmos* XXV-1.

177. Véase Talmud, tratado de *Meguilah* 22 b.

178. Véase *Josué* VII-10.

sí caí».[179] No está dicho que me levantaré, sino que me levanté antes de eso, que me levanté perezosamente para Israel. Y revelaremos dos Salmos, uno para *Binah*, y otro para *Maljut*. El Salmo de David para *Binah* y «Dios mío, en ti confío»[180] para *Maljut*, y en uno no hay *Nun* (נו"ן) y en el otro no hay *Kof* (קו"ף).

"אקים את סוכת דוד הנופלת" בודאי "וגדרתי את פרציהן" המקום שנכנס בזה הנחש ופורץ גדר ישכנו נחש. "ואלה תולֹ־דות פרץ" ולפיכך הלבנה נפרצת והריסותיה אקים וגדר אבניו נהרסה כי שתי אבנים טובות הם שתי אבני שוהם ובהן מפוֹ־רֹ תחות שמות בני ישראל למטה ולמעלה.

«En aquel día yo levantaré el Tabernáculo de David, caído»[181] ciertamente « y cerraré sus portillos».[182] El lugar por donde esta serpiente entra y atraviesa una cerca estará habitado por una serpiente. «Y éstas son las generaciones de Peretz»[183] y por lo tanto el ladrillo está roto y sus ruinas arruinadas y su cerca de piedra destruida, porque dos piedras buenas son dos piedras de ónice en las que se revelan los nombres de los hijos de Israel por debajo y por encima.

---

179. Véase *Miqueas* VII-8.
180. Véase *Salmos* XXV-2.
181. Véase *Amos* IX-11.
182. Ibid.
183. Véase *Ruth* IV-18.

כי למטה דר ולמעלה כאבן סוחרת זו כנגד זו "צדק צדק תר-
דוף למען תחיה וירשת את הארץ" ולפיכך "ואת הצפוני אר-
חיק מעליכם והדחתיו אל ארץ ציה ושממה ופניו אל הים
הקדמוני וסופו אל הים האחרון ועלה באשו ותעל צחנתו כי
הגדיל יהוה לעשות.

Porque allá abajo y arriba como una piedra de pro-
tección unos contra otros, «La justicia, la justicia segui-
rás, para que vivas y heredes la tierra»[184] y por lo tanto
«haré alejar de vosotros al del aquilón, y lo echaré en la
tierra seca y desierta; su faz será hacia el mar antiguo, y
su fin al mar postrero; y exhalará su hedor; y subirá su
pudrición, porque se engrandeció»[185]

אל תראי אדמה גילי ושמחי כי הגדיל יהוה לעשות" לעשות
בודאי, "אשר ברא אלהים לעשות" «ביום ההוא יהיה יהוה
אחד ושמו אחד".

No temas la tierra, alégrate y regocíjate porque el
Eterno se engrandeció, ciertamente se engrandeció, de
«que había Dios criado y hecho»[186] «En aquel día el
Eterno será uno, y su nombre uno».[187]

---

184. Véase *Deuteronomio* XVI-20.
185. Véase *Joel* II-20,
186. Véase *Génesis* II-3.
187. Véase *Zacarías* XIV-9.

מה טעם משום "והיה יהוה למלך על כל הארץ" שלא יכנס
נחש למקדש "לא יוסיף יבוא בך עוד ערל וטמא" "ונחש עפר
לחמו" "לא ירעו ולא ישחיתו בכל הר קדשי" כי ההורס גבו־
לו נקרא משחית, ובאותה שעה נקרא דעה "כי מלאה הארץ
דעה את יהוה" בהיות עץ הדעת טוב ורע מתמלא מן הדעת
לכל הצדדים אז לא יהיה טוב ורע אלא הכל טוב בלי פגם
בעולם וזהו פר"ץ וזר"ח, פרץ בתחילה וזרח בסוף "וכבוד
יהוה עליך זרח" "וזרחה לכם יראי שמי שמש צדקה" הצדקה
דבוקה בשמש בין צדי"ק לצד"ק והוא סוד היחוד

«¿A qué es debido?» «Y el Eterno será rey sobre toda
la Tierra»[188] para que la serpiente no en el Templo. «Porque el incircunciso y el inmundo no volverán a entrar
en ti»,[189] «y a la serpiente el polvo será su comida»,[190]
«No harán mal ni dañarán en todo mi santo monte»,[191]
«porque al que destruye su frontera se le llama destructor, y al mismo tiempo se le llama conocimiento «porque la Tierra será llena del conocimiento del Eterno».[192]
Dado que el Árbol del Conocimiento del Bien y del
Mal esté lleno de conocimiento de todas las partes, entonces no habrá bien ni mal, pero todo será bueno y sin
defecto en el mundo y esto es Peretz y Zéraj, Peretz al
principio y Zéraj al final «y la gloria del Eterno ha naci-

---

188. *Ibid.*
189. Véase *Isaías* LII-1.
190. Véase *Isaías* LXVIII-25.
191. Véase *Isaías* XI-9.
192. Véase *Isaías* XI-9.

do sobre ti».[193] «Sin embargo, para vosotros, los que honráis mi nombre, se levantará el Sol de justicia»[194] La Tzedakah está adherida al Sol a través del Tzadik y éste es el secreto de la unificación.

והטעם "והיה אור הלבנה כאור החמה ואור החמה יהיה שבעתים כאור שבעת הימים ביום חבש יהוה את שבר עמו" וכו'. אם תבין פסוק זה על אמתתו תמצא הכל גלוי לפניך.

Y la razón de «Y la luz de la Luna será como la luz del Sol; y la luz del Sol siete veces mayor, como la luz de siete días, el día que soldará el Eterno la quebradura de su pueblo», etc.[195] Si entiendes verdaderamente este versículo, todo será revelado delante de ti.

תם ונשלם השבח לבורא עולם:

Terminado y acabado, alabado sea el Creador del mundo.

---

193. Véase *Isaías* LX-1. Nos encontramos con un juego de palabras entre *Zéraj* y *Zaraj*, «ha amanecido».

194. Véase *Malaquías* III-20.

195. Véase *Isaías* XXX-26.

ספר החשמל

EL LIBRO DEL *HASHMAL*

רבי יוסף גיקטליא ז"ל

ספר החשמל

Rabbí José Gikatilla, de bendita memoria
El libro del *Hashmal*

ספר החשמל לרבי יוסף גיקטליא ז"ל
סוד החשמל:
להחסיד המקובל רבי יוסף ג'יקיטלייא ז"ל:

El libro del *Hashmal* de Rabbí Iosef Gikatilla, de
bendita memoria
El secreto del *Hashmal:*
Del piadoso cabalista Rabbí Iosef Gikatilla, de bendita memoria:

ומתוכה כעין החשמ"ל צריכין אנו להודיעך עיקרים גדולים.
דע כי קודם שיכנס האדם להשגת סוד ה' ית' יש לו לעבוד
כמה מעברות ולהפגיע בכמה המוני עליונים, והם עשר מד־

רגות זו למעלה מזו כמו שתדע עדין בע"ה. ודע כי כשהיו הנביאים מתבודדים ומטהרים את עצמם ומכינים מחשבתם להשגת הנבואה ולהשרות עליהם שכינה, היתה השגתם כע־ נין שאומר לך.

«Y en medio como el color del *Hashmal*»,[1] necesitamos informarte de principios fundamentales. Has de saber que antes de que el hombre entre al entendimiento del secreto del Eterno, bendito sea, ha de atravesar varios pasos y penetrar a través de múltiples huestes superiores, y son diez escalones que están uno encima del otro,[2] como sabrás con la ayuda del Eterno. Y has de saber que cuando los profetas se retiraban y se purificaban a sí mismos y preparaban su mente para lograr la profecía y albergar a la *Shekinah*, lo lograban de la manera que voy a explicarte

משל לשר שהלך לראות פני המלך, והמלך יושב בבית מל־ כותו י"א חדרים חדר לפנים מחדר, והעמיד המלך מבחוץ בחדר החיצון שבכולן ממונים זריזים ואמר להם כל הבא ליכנס בחדר שלכם תבדקו אותו אם יש לכלוך בבגדיו אל יכנס, וליושבים בחדר שני וליושבים בחדר ג' צוה ואמר כל מי שתראוהו שנכנס שאלו אותו שאלה פלוני' ופלוני' אם ישיב כהוגן יכנס ואם לאו לא יכנס, וליושבים בחדר הד' וה' צוה ואמר כל הנכנס וצופה בניניו לימין או לשמאל אל תק־

---

1. Véase *Ezequiel* (I-4).

2. Alusión a las diez Sefirot. En algunos textos cabalísticos se las denomina también *Middoth*.

בלוהו, וליושבים בחדר הו' כל הנכנס ולא יקדים כך וכך אל
תקבלוהו, וליושבים בחדר הז' צוה ואמר כל הנכנס ולא יכיר
להשיב תשובה על כל דבר שתשאלוהו אל יכנס, וליושבים
בחדר הח' צוה ואמר כל הנכנס ולא ישיב תשובה לכל דבר
שתשאלוהו אל יכנס, וליושבים בחדר הט' צוה ואמר כל הנ־
כנס ולא ימהר לפי שעה בקלות לשון במהירות כמו שאתם
מדברים לפני לדבר ולשאול ולהשיב אל יכנס, וליושבים
בחדר הי' צוה ואמר כל הנכנס ואינו נראה כצורה שלכם אל
יכנס ואל תקבלוהו.

Parábola de un príncipe que fue a ver el rostro del rey, y el rey estaba sentado en su casa real, once habitaciones dentro de habitaciones,[3] y el rey estaba de pie afuera, en la habitación exterior donde se hallaban supervisores muy diligentes y les dijo: todo el que ha venido para entrar en la habitación será examinado;[4] si hay suciedad en sus ropas, que no entre. Y a los que estaban sentados en la segunda y en la tercera habitación les ordenó y dijo: a todos los que vean que entran, les harán una pregunta, fulano, fulano, si contesta correctamente, entrará y si no lo hace, no entrará. Y a los que estaban sentados en la cuarta y en la quinta habitación, les ordenó y les dijo: a todos los que entren y escruten con los

---

3. O sea, una dentro de la otra, como las capas de una cebolla o como los sentidos de la *Torah*. Correspondería a las Sefirot.

4. Deberá saber contestar a ciertas preguntas a fin de evaluar sus conocimientos de *Torah* y la limpieza de su corazón.

ojos a la derecha o la izquierda no los recibiré.[5] Y a los que estaban sentados en la sexta habitación, todos los que entran y no se comportan de tal y tal manera, no los recibiré. Y a los que estaban sentados en la séptima habitación les ordenó y les dijo: todo el que entre y no sepa dar respuesta a todas las cuestiones que le preguntes, no entrará. Y a los que estaban sentados en la octava habitación, les ordenó y les dijo: todo el que entre y no sepa dar respuesta a todas las cuestiones que le preguntes, no entrará. Y a los que estaban sentados en la novena habitación, les ordenó y les dijo: todo el que entre y no se apresure a contestar soltando la lengua con rapidez y fluidez como lo haces tú, no entrará. Y a los que estaban sentados en la décima habitación, les ordenó y les dijo: todo aquel que entre y su semblante no se parezca al vuestro, no lo recibiré.

ובדרך זה היתה מעלת הנביאים, והיו צריכין להיות כולם של־מים בכל אלו המעלות, וכן אז"ל במסכת שבת (צ"ב ע"ב) אין שכינה שורה אלא על חכם גבור ועשיר ואשר כח להם לעמוד בהיכל מלך, ואומר מי יעלה בהר ה' וגו', ואומר אשר יחדו נמתיק נמתיק סוד וגו', ואומר כי שפתי כהן ישמרו דעת וגו', ואומר ויעל מלאך ה' מן הבוכים:

Y de este modo se determinaba la elevación de los profetas, y tenían que estar completos en todos estos

---

5. Porque han venido movidos por la curiosidad y no por un interés genuino.

aspectos, y de este modo nuestros padres, de bendita memoria, en *Masejet Shabbat* (92b),[6] declaran que la *Shekinah* no habita sino sobre aquel que sabio, fuerte, rico y feliz cuya fuerza se alza en el palacio del rey. Y dice: «¿quién subirá al monte del Eterno, etc.»,[7] y ha sido dicho: «Porque juntos comunicábamos dulcemente los secretos, etc.»,[8] y ha sido dicho: «Porque los labios del sacerdote guardan la sabiduría»,[9] y ha sido dicho: «y el ángel del Eterno subió a Bojim».[10]

ואחר הקדמה זו דע כי כי קודם שיכנסו הנביאים להשיג שפע נבואה הם נכנסים דרך מעברות ומבואות מלאכי מעלה, והם המלאכים פוגעים בהם ובודקים אותם, ובכל שער ושער היו בודקים אותם בדיקה משונה מחברתה, וז"ש רבי עקיבה לת־ למידיו כשאתם מגיעים לאבני שיש טהור אל תאמרו מים מים כי אין מים.

Y después de esta introducción, has de saber que antes de que los profetas entraran para obtener una abundancia (שפע) de profecía, ellos entran por pasajes y entradas de los ángeles de arriba, y los ángeles los golpean y los examinan, y en cada puerta y puerta son examina-

---

6. Esta frase no aparece en el *corpus* del tratado de *Shabbat,* sino en los comentarios de los sabios.

7. Véase *Salmos* XXIV-3.

8. Véase *Salmos* LV-14.

9. Véase *Malaquías* II-7.

10. Véase *Jueces* II-1. Esta palabra significa «llanto».

dos por parte de sus compañeros con una extraña prueba, y esto es lo que dijo Rabbí Akiva a sus discípulos:
«cuando lleguéis a piedras de mármol puro no digáis
«agua, agua» porque no hay agua».[11]

וכל המבואות שמגיעים ונכנסים הנביאים בהשגת הנבואה
בכל שער ושער ממבואות השערים אותם המלאכים העומ־
דים שם בודקים אותם, אם ראוים ליכנס מניחין אותם ליכנס
ואם לאו מניחים אותם מבחוץ. וזה הוא הענין שאפילו החכ־
מים הנכנסים לפרדס היו בודקים בהם, כ"ש הנביאים שהיתה
מעלתם גדולה. וזה שאז"ל בחגיגה (י"ד ע"ב) ארבעה נכנסו
לפרדס, ואלו הם ר' עקיבה וכו' בן עזאי וכו', ר' עקיבה נכנס
בשלום ויצא בשלום, ואף ר"ע בקשו מלאכי השרת לדוחפו,
א"ל הקב"ה הניחו לו לזקן זה שראוי הוא שישתמש בכבודי:

Y todas las entradas a las que llegan los profetas para
alcanzar la profecía en todas las puertas, en la entrada de
estas puertas están de pie estos mismos ángeles verifi-
cando, y si son dignos de entrar los dejan entrar y si no
son dignos no (les dejan). Y éste es el asunto en el que
incluso los sabios que entraron en el *Pardes* fueron exa-
minados, con más razón los profetas cuya elevación era
grande. Y dijeron nuestros padres, de bendita memoria,
en *Jaguigah* (14b): cuatro entraron en el *Pardes*, y estos
son Rabbí Akiva, ben Azzai, etc. Rabbí Akiva entró en
paz y salió en paz, e incluso Rabbí Akiva tuvo a ángeles

---

11. Véase Talmud, tratado de *Jaguigah* 14 b.

guardianes que lo empujaron, Dios, el Santo, bendito sea dijo: «dejad entrar a este anciano porque está en condiciones de servir a mi gloria».[12]

הנה כשיעבור הנביא באותם המלאכים יגיע בסוף כולם להיכלו של חשמ"ל. וחשמ"ל הם חיות של אש דקה בשפה ברורה, ודבורם בתכלית המרוצה, וכשידבר אדם דבור א' הם ממללות אלף אלפי אלפים דיבורים, ואותם החיות אינם שוקטות אפילו רגע א', אלא ממהרות התנועה ומשתנות ברגע א' לאלפי גוונים לכאן ולכאן עולה ויורדת ומתנועעות לצדדין בלי שקט ורפיון, וכפי קלות תנועתם כך קלות דבו־רם ומהירותם, ואלה החיות הנקראות חשמ"ל הם בודקים הנביאים בהגיעם לשער שבו נכנסים (להשתכל) [להסת־כל] באספקלריא שלה שהיא אספקלריא שאינה מאירה, והחשמ"ל ממהר בתנועתו ובקלות דבורו לדבר עם אותו הנביא הנכנס להסתכל, ואם אותו הנביא יכול להבין דברי החשמ"ל ברגע ולהשיב תשובה לכל דבור ודבור אזי נודע כי ראוי להכנס ולהסתכל בכבודו של מלך.

He aquí que cuando el profeta pase por estos mismos ángeles, al final todos irán al palacio del *Hashmal.* Y el *Hashmal* son *Jaiot* de fuego sutil, bruñido y brillante, y eran sus palabras totalmente satisfactorias, y cuando hablan la lengua de los hombres dicen miles de miles de palabras[13] y estas *Jaiot* no permanecen en silencio ni un

---

12. Véase Talmud, tratado de *Jaguigah* 15 b.
13. En muy poco tiempo.

momento, sino que su movimiento es rápido y cambian en un instante a miles de colores, aquí y allá, subiendo y bajando y precipitándose a un lado sin silencio y con holgura. Y como es la facilidad de su movimiento así es la facilidad de su discurso y su velocidad. Y estas *Jaiot* denominadas *Hashmal* ponen a prueba a los profetas cuando llegan a la puerta por donde entran (a mirar) en su espejo, que es un espejo que no ilumina, y el *Hashmal* se apresura en su movimiento y facilidad de palabra para hablar con el mismo profeta que ha entrado a mirar, y si el mismo profeta puede comprender en ese momento las palabras del *Hashmal,* y en el momento en el que sabe responder a cada palabra y palabra,[14] se sabe que es digno de entrar y contemplar la gloria del rey.

ולפיכך נקרא חשמ"ל מלשון חושה לעזרתי, ולעולם אין החשמ"ל שוקט אפילו רגע א' מלדבר, אלא בשעה שיוצא הדבור מפי הקב"ה שכלם חשים מלשון שתיקה ואח"כ ממללים, כלומר מקבלים מלמעלה ואח"כ מתעסקים במה שקבלו, וזהו סוד דומו יושבי אי:

Y por esta razón se llama *Hashmal* utilizando la expresión «que se apresura a socorrer»,[15] y el *Hashmal* nunca se queda en silencio ni por un instante desde el momento en que habla, pero cuando las palabras salen

---

14. O sea, a las preguntas para averiguar su grado de conocimiento de la *Torah*.
15. Véase *Salmos* XXII-20.

de la boca del Santo, bendito sea, entonces todos guardan su boca en silencio y después de esto hablan, es decir, reciben de arriba y luego se ocupan de lo que han recibido, y éste es el secreto de «callad moradores de la isla».[16]

והנה החשמ"ל בודק כל הנכנסים למעלת הנבואה אם משיבים כענין ושואלים כהלכה במהירות כרגע כמו החשמ"ל נכנסים, ואם לאו דוחים אותם כלפי חוץ. וזו היא תחלת השגת (הנביאים) [הנבואה], ועל זה נאמר אשר יחדו נמתיק סוד בבית אלקים נהלך ברגש:

Y he aquí que el *Hashmal* examina a todos los que entran al nivel de la profecía y si responden correctamente y preguntan de acuerdo a la *Halajah,* entran instantáneamente, con tanta rapidez como el *Hashmal,* y si no, los rechaza y los envía afuera, y éste es el comienzo del logro de (los profetas) [la profecía], y por esta razón ha sido dicho: «Porque juntos comunicábamos dulcemente los secretos, en la casa de Dios andábamos en compañía».[17]

ודע כי לפעמים נקרא חשמ"ל ולפעמים נקרא חשמל"ה, וכשהוא שותק ומקבל נקרא חשמל"ה, וכשהוא ממלל ומשפיע נקרא חשמ"ל, וזה הרמז מתפשט לידיעת כללים רבים בהש־

---

16. Véase *Isaías* XXIII-2.
17. Véase *Salmos* LV-14.

גת החשמ"ל, ולפי שהחחשמ"ל בודק בנביאים ויודעי מרכבה
ואם נמצא הגון כמו שאמרנו נותן לו רשות ליכנס ואם לאו
דוחהו כלפי חוץ, גם לפעמים שורף ומכניס מיתה גם לנע-
רים כדאמרינן בחגיגה פרק אין דורשין, ת"ר מעשה בתינוק א'
שהיה דורש בבית רבו בחשמ"ל יצאה אש מהחחשמ"ל ואכ-
לתו, מאי חשמ"ל אמר רב יהודה חיות אש ממללות, במתני-
תא תנא עיתים חשות עיתים ממללות, ובשעה שהדבור יוצא
מפי הקב"ה ממללות:

Y has de saber que a veces se llama *Hashmal* y a veces
se llama *Hasmalah*.[18] Cuando calla y recibe se llama
Hasmalah y cuando habla e influye se llama *Hashmal*. Y
esta alusión se refiere al conocimiento de muchas reglas
para la obtención del *Hashmal*, y a medida que el *Hashmal* revisa a los profetas y a los conocedores de la *Merkavah*, si los encuentra apropiados, como hemos dicho
antes, les da permiso para entrar, y si no, los rechaza
hacia afuera. También, en ocasiones quema y da muerte
incluso a jóvenes como en *Jaguigah*, en el capítulo *Ein
Dorashin*.[19] Enseñan los rabinos el relato de un joven
que estaba estudiando acerca del *Hashmal* en casa de su
maestro y salió fuego del *Hashmal* y lo consumió. ¿Qué
es el *Hashmal?*, preguntó Rabbí Iehudah. *Jaiot* parlantes
de fuego. Y fue enseñado en una *Baraita* «a veces callan;

---

18. Aparentemente, el femenino de *Hashmal*.

19. Literalmente «no lo busquen» o «no se puede exponer», en el tratado de *Jaguigah*
    2 b y 11 b.

a veces hablan; cuando el discurso divino emerge de la boca del Santo, bendito sea, se callan».[20]

ועתה התבונן במ"ש יחזקאל ומתוכה כעין החשמ"ל, מתוך קליפה הפנימית מארבע קליפות החיצונות הסובבות את המלכות יראה את החשמ"ל. ולא הוצרך יחזקאל להאריך בשאר מעלות המלאכים הנמצאים בכל ההיכלות שיכנסו הנ־ ביאים לחשמ"ל, כי הדבר ידוע להם:

Y ahora reflexiona sobre lo que está escrito en *Ezequiel* «en medio del fuego una cosa que parecía como *Hashmal*»[21] desde la *Klippah* interior de las cuatro *Klippot* exteriores que rodean a *Maljut* verá el *Hashmal*. Y no fue necesario que Ezequiel extendiera el resto de los niveles de los ángeles en todos los palacios en los que entraban los profetas que entrarían en el *Hashmal,* porque ellos conocen el asunto.

ומתוכה דמות, מתוך השגת החשמ"ל הבודק ביורדי המרכבה יש לפנים ממנו דמות ד' חיות בכל מקום שאתה רואה דמות הוא סוד הצורות המצטירות במלכות, ועיקר מציאות מל־ כות, ובכל מקום שאתה רואה צלם הוא סוד כל הצורות המ־ צטיירות על יד יסוד, וזהו סוד נעשה אדם בדמותינו בצלמנו.

---

20. Véase Talmud, tratado de *Jaguigah* (13b).
21. Véase *Ezequiel* I-4.

«Y en medio la imagen»,[22] dentro la obtención del *Hashmal,* el examinador de los que descienden a la *Merkavah* tiene frente a él una figura de cuatro *Jaiot;* y, sobre todo, la realidad de *Maljut,* y dondequiera que veas una imagen, es el secreto de todas las formas representadas por *Maljut,* y sobre todo la realidad de *Maljut.* Y dondequiera que veas una imagen, es el secreto de todas las formas representadas por medio de *Iesod,* y éste es el secreto de «hagamos al hombre a nuestra imagen, según nuestra semejanza».[23]

וסוד מ"ש אין נשמת זכר יוצא במלי נשמת נקבה שהיא בת זוגו, וכבר בארו רז"ל בזה עיקרים גדולים, והוא סוד ויקח א' מצעותיו, וסוד ויביאה אל האדם, וסוד זאת הפעם עצם מעצמי וגו', וסוד ודבק באשתו והיו לבשר אחד, וסוד אלה"ים מושיב יחידים ביתה וסוד מוציא אסירים בכושרות, וסוד ראויה היתה בת שבע לדוד משֹשת ימי בראשית אלא שאכלה פגה.

Y el secreto de lo que está dicho: no hay un alma masculina que salga sin un alma femenina que sea su compañera,[24] y como explican nuestros maestros, de bendita memoria, «y tomó una de sus costillas»[25] y es

---

22. Véase *Ezequiel* I-5.
23. Véase *Génesis* I-26.
24. Véase *Shaar haGuilgulim,* prólogo.
25. Véase *Génesis* II-21.

secreto de «y la trajo al hombre»,[26] y el secreto de «esta vez es hueso de mis huesos, etc.»,[27] y el secreto «y se allegará a su mujer, y serán por una carne»,[28] y el secreto de «Dios prepara un hogar para los solitarios»[29] y el secreto de «que saca a los aprisionados con grillos»,[30] y el secreto de «y estaba reservada Batsheva para David desde los seis días del Génesis, pero comió fruta no madura».[31]

המבין זה יבין טעם בנות צלפחד שהיו לבני דודיהן לנשים. ויותר תועלת לנפטר בלא זרע ביבום אשתו לאחיו יותר מתו־ עלתו בבתו, ולפיכך אמר והעברתם את נחלתו לבתו, יום עברה היום ההוא, והתורה מבארת הכל:

El que entienda esto, comprenderá el motivo de las hijas de Zelofehad,[32] se casaran con los hijos de sus tíos. Y hay más beneficio para el difunto sin semilla, (que no ha tenido hijos) en su esposa, en el levirato para su hermano que su beneficio para su hija, y entonces le habló a su hija y le dio la herencia a su hija, y ese día pasó, y la *Torah* lo aclara todo.

---

26. Véase *Génesis* II-22.

27. Véase *Génesis* II-23.

28. Véase *Génesis* II-24.

29. Véase *Salmos* LXVIII-6.

30. Véase *Salmos* LXVIII-6.

31. Eufemismo para decir que se acostó con una niña antes de la pubertad. Esta frase aparece en el Talmud, tratado de *Sanhedrín* (107 b). Esta idea se encuentra desarrollada en otra obra de Gikatilla: *El secreto de David y Betsabé*, Riopiedras Ediciones, 1996.

32. Véase 1 *Crónicas* VII-15.

והנה אחר שאמרה התורה נעשה אדם בצלמנו כדמותינו הוא
סוד האצילות מיסוד למלכות, והוא סוד אצילות כל הנשמות
זכר ונקבה כאחד, חזרה ואמרה כי הזכר הולך וגדל במקום
ידוע, ואשתו הראויה לו הרי אפשר שעדין לא נולדה, או היא
בכרכי הים, והרי הזכר הולך וגדל במקום ידוע, וזהו ויברא
אלהים את האדם בצלמו, וחזרה תורה ואמרה דמות שהרי
הנקבה שהיא בת זוגו של זה הולכת וגדלה אפילו בסוף העו־
לם, שהרי נשמותיהן יצאו כאחד, ולפיכך חזרה תורה ואמרה
זה ספר תולדות אדם בדמות אלקים עשה אותו, וזהו ויקח
אחת מצלעותיו, וסוד ויבן ה' אלה"ים את הצלע אשר לקח מן
האדם לאשה ויביאה אל האדם.

Y he aquí lo que dice después la *Torah:* «hagamos al
hombre a nuestra imagen, según nuestra semejanza»[33]
es el secreto de *Atzilut* desde *Iesod* hasta *Maljut*, y es el
secreto de *Atzilut* que todas las almas son macho y hembra, como uno,[34] regresó y dijo que el varón nace y crece
en un lugar conocido, y es posible que su esposa aún no
haya nacido, o que estuviera en tierras lejanas, después
de todo, el varón nace y crece en un lugar conocido,
esto es «y creó Dios al hombre a su imagen»[35] y la *Torah*
volvió y dijo que la «semejanza» al fin y al cabo es la
hembra que es la compañera crece incluso en el fin del
mundo, porque las almas salieron iguales (como uno),

---

33. Véase *Génesis* I-26.
34. O sea unidos como una sola entidad.
35. Véase *Génesis* I-27.

por lo tanto la *Torah* regresó y dijo «Éste es el libro de las generaciones de Adán. El día en que creó Dios al hombre, a la semejanza de Dios lo hizo»[36] y por eso le quitó una costilla y el secreto de «y edificó Dios de la costilla que tomó del hombre en mujer, y la trajo al hombre».[37]

והיודע סודות עיקרים הללו ידע הטעם שאמרו רז"ל שהקב"ה מזווג זיווגים, וסוד שמא יקדמנו אחר ברחמים. ומ"ש משל לענבי הגפן בענבי הגפן או שאמרו ענבי הגפן בענבי הסנה, ומ"ש ז"ל או קוברה או קוברתו או מביאתו לידי עניות.

Y el que conoce estos secretos principales sabe el motivo por el cual dijeron nuestros sabios que el Santo, bendito sea, hace los matrimonios,[38] y el secreto para que avancemos hacia el otro con misericordia (רחמים). Y es lo que dice la parábola de las uvas (que se entrelazan) en la vid o las bayas de la zarza.[39] Y es lo que dicen nuestros maestros, de bendita memoria,[40] «o la entierra, o lo entierra, o lo lleva a la pobreza».

ועוד יש סוד רמוז בענין זה אך סוררים שכנו צחיחה כי נשמת האדם היוצאת בבריאת הזכר בצלם ודמות יש לה ג' דינים,

---

36. Véase *Génesis* V-1.

37. Véase *Génesis* II-22.

38. Véase *Bereshit Rabbah* (68,4).

39. Véase Talmud, tratado de *Pesajim* (49 a).

40. En uno de los comentarios al tratado de *Pesajim* página 49 a.

הָא' אֱלֹ"ים מוֹשִׁיב יְחִידִים בֵּיתָה, וְהַב' מוֹצִיא אֲסִירִים בַּכּוֹשָׁ־
רוֹת, הַג' אַךְ סוֹרְרִים שָׁכְנוּ צְחִיחָה:

Y hay otro secreto aludido en este asunto, que es «mas los rebeldes habitan en sequedad»,[41] porque el alma del hombre que salió creada «macho» según la imagen y la semejanza tiene tres tipos de juicio, uno «Dios prepara un hogar para los solitarios», dos «que saca a los aprisionados con grillos» tres, «mas los rebeldes habitan en sequedad».[42]

וְאַחַר שֶׁיָּדַעְתָּ זֶה דַּע כִּי מַה כִּי שֶׁאָמַ' וּמִתּוֹכָהּ דְּמוּת ד' חַיּוֹת הֲרֵי
הֵם לִפְנִים מִן הַחַשְׁמַ"ל, וְיֵשׁ חַיּוֹת שֶׁנִּקְרָאוֹת חַיּוֹת הַקֹּדֶשׁ נוֹ־
שְׂאוֹת הַכִּסֵּא, וְהֵם סוֹד עוֹלָם הַסִּדּוּר וְעוֹלָם ד' רָאשִׁים, וְכֻלָּם
בְּסוֹד צֶלֶם וּדְמוּת, וּלְפִיכָךְ אָמַר לְהַלָּן וְזֶה מַרְאֵיהֶן, וּמַה שֶׁתִּ־
צְטָרֵךְ לָדַעַת כִּי בַּחַשְׁמַ"ל לֹא לֹא הִזְכִּיר דְּמוּת אֶלָּא כְּעֵין וּמִתּוֹכָהּ
כְּעֵין הַחַשְׁמַ"ל מִתּוֹךְ הָאֵשׁ:

Y después de conocer esto, has de saber lo que está dicho «en medio de ella la figura de cuatro *Jaiot*»,[43] *Jaiot* que tenían el rostro de *Hashmal*,[44] y hay *Jaiot* llamadas *Jaiot* sagradas que llevan el trono, y ellas son el secreto del mundo ordenado y el mundo de las cuatro cabezas, y todo en el secreto de la imagen y la semejan-

---

41. Véase *Salmos* LXVIII-6.

42. Véase *Salmos* (LXVIII-6)

43. Véase *Ezequiel* I-5.

44. Literalmente «los rostros».

za, y por lo tanto dijo abajo, y esto es evidente y lo que necesitas saber es que en el *Hashmal* no se menciona en una figura sino como «y en medio del fuego una cosa como el *Hashmal*».[45]

והנני מבאר יש חשמ"ל פנימי ויש חשמ"ל חצון, ויש חיות פנימיות ויש חיות חצוניות, והכל תקון המרכבה, ואל יעלה בדעתך כי חיצונות הם הנקראות קליפות ערלה, אמנם אלו הם חיות קדושות, הפנימיות נקשרות בכסא הכבוד ונקראות חיצוניות לפי שהן נבראות ואינם בכלל יחוד השם, אבל הם מזומנות לעבודתו, והם נושאות הכסא, ואלו ד' חצונות נק־ראים מיכא"ל גבריא"ל אוריא"ל רפא"ל, והם רגלי הכסא והם סדר המרכבה חצונה, והם סוד מרכבת ארגמ"ן, עשר ספירות פרושות של ארגמן בסודם. אמנם בסתרי הספירות הפני־מיות יש סתרי סתרים נקראות חיות לענין פנימי, וכן חשמ"ל, ואינם מכלל אלו שזכרנו אלא הויות עליונות פנימיות:

Y te estoy aclarando que hay *Hashmal* interior y *Hashmal* exterior, y hay *Jaiot* interiores y hay *Jaiot* exteriores, y todo rectifica a la *Merkavah*, y no pienses que las exteriores son las llamadas *Klippot* del prepucio, ciertamente éstas son *Jaiot* sagradas y las interiores están atadas al trono de gloria y son llamadas exteriores de acuerdo al hecho de que fueron creadas y no están unidas con el Nombre, pero están listas para su servicio, y llevan el trono, y estas cuatro se llaman Miguel, Gabriel, Uriel

---

45. Véase *Ezequiel* I-4.

y Rafael, y son las patas del trono y son el orden de la *Merkavah* de afuera y son el secreto de la *Merkavah Argamán*, diez sefirot separadas de *Argamán*[46] en su secreto. Ciertamente en los misterios de las sefirot inferiores hay secretos de secretos llamados *Jaiot* en un sentido interior que es el *Hashmal*, y ninguna de ellas recuerda a las *Jaiot* supremas interiores.

וזה מראיהן, פי' אותה הספירה הנקרא זה היא מראיהן, היא מאירה למלכות, ומתוכה נראות כל המראות כדמיון הנר הנ־ תון בתוך העששית, והיא מאירה, וכדמיון לווי אור הלבנה לאור החמה, לפי שאין ללבנה אור מעצמה אלא מה שנשפע לה מאור החמה.

Y ésta es su apariencia; es decir: la misma sefirah llamada «apariencia», ella ilumina a *Maljut*, Y desde allí se ven todas las visiones, que se parecen a una vela que está dentro de una lámpara y brilla, y como la imaginación acompaña la luz de la Luna a la luz del Sol, según la cual la Luna no tiene luz propia sino la que le es impartida por la luz del Sol.

והיודעים סתרי תכונת הכוכבים ומהלכם ומסילותם יודעים כי בהפסק א' מהדברים המפסיקים בין החמה והלבנה תהיה לקות הלבנה אפי' בשעה שהלבנה מאירה. ועוד חסרון הל־ בנה ומלואה נודע מתוך סתרים הללו, וכל הדברים וכל הת־

כונות למעלה ולמטה בשמים ובארץ ברא הש"י בעניין צורות
ודמיונות, כדי שיכנסו בני אדם להבין הדברים הפנימיים והנ־
סתרים מתוך דברים הנגלים:

Y aquellos que conocen los misterios de la estructura
de las estrellas y su curso y órbitas saben que en la divi-
sión primera de las cosas que interfieren entre el Sol y la
Luna hay un defecto en la Luna incluso cuando la Luna
brilla. Y, además, la disminución de la Luna y su plenitud se aprende de estos misterios, y todas las cosas y
todas las configuraciones arriba y abajo en el cielo y en
la Tierra fueron creadas por el Eterno, bendito sea, en
formas e imágenes, para que los seres humanos lleguen
a comprender las cosas internas y ocultas (a partir) de
las cosas reveladas.

כמראה הבזק כו', הוצרך לומר כמראה הבזק שהוא סוד חיה
ידועה למטה מאותן החיות, והיא למעלה מהאופנים ידועים,
ושולטת על אותן אופנים, ומוגשת ברקיע עומדת על ב' הע־
מודים ונק' ב' כרובים מלבד הכרובים העליונים, וכל זה על
הרקיע, ואין זה הרקיע שעל ראשי החיות.

«A semejanza de relámpagos»,[47] debería haber dicho
«como la visión» de un relámpago, que es el secreto de
la *Jaiah* conocida debajo de las *Jaiot*, y ella está por encima de las formas conocidas, y controla a los mismos

---

47. Véase *Ezequiel* I-14.

Ofanim, y se sirve en el firmamento, de pie sobre los dos pilares y el segundo punto sobre los querubines excepto los querubines superiores, y todo esto en el firmamento, y éste no es el firmamento que está en la cabeza de las *Jaiot*.

וזאת החיה הנקרא בזק (וכו') היא המקבלת והיא הממונה על כל עוסקים בתורה בלילה, והיא הפותחת השערים לכל הבאים להתפלל בלילה, עד שבא סנדלפו"ן רב ושליט על הממונים במאמר קונו, ומקבל כל התפלות וקושר אותם קש־רים לקונו.

Y ésta es la *Jaiah* llamada «rayo» (etc.) ella es la receptora y está a cargo de todos aquellos que se dedican a la *Torah* por la noche, y ella abre las puertas a todos los que vienen a rezar por la noche, hasta que viene el gran Sandalfón[48] y gobierna sobre los supervisores con las palabras del Creador, y recibe todas las oraciones y une esos lazos al Creador.

ואל יעלה בדעתם שיש מלאך אמצעי בין ישראל לא־ביהם שבשמים, אלא שהמלאך הגדול ששמו סנדלפו"ן הוא

---

48. Este ángel elabora guirnaldas o coronas con las oraciones de los hombres y las presenta ante el Santo, bendito sea. Aparece en el Zohar y en el libro *Sefer Jaiei HaOlam Habá*, de Abraham Abulafia, que nos descubre que la guematria de su nombre coincide con la de *Guf sheLo Vipased*, «el cuerpo que no es corrupto». A propósito de Sandalfón, véase Talmud, tratado de *Jaguigah* (13b). Véase también Zohar (I-167b), vol. VI de nuestra edición, Barcelona, 2008, y Zohar (II-102b), vol. XVI de nuestra edición, Barcelona, 2013.

הממונה על ב' המפתחות של ב' שמות שהם ידו"ד אדנ"י
שהם יאהדונה"י, והוא הפותח שערי צדק, וכבר ידעת כי
אדנ"י הוא סוף התפלה אמנם הבא לידבק בשם אדנ"י והוא
יחיד צריך לפתוח לו השערים, ואלמלא לא יפתחו נמצאת
תפלתו דחויה, ולפיכך כתוב פתחו לי שערי צדק וגו', וכתיב
שאו שערים וגו', וכשקדם היחיד ומתפלל בלילה אין בו כח
לפתוח לו השערים בלילה לו לבדו, וזהו הממונה נקרא בזק
שומר התפלה עד בא עת פתיחת שערי צדק, שהמפתחות
מסורות ביד סנדלפו"ן לפי שתפלת הרבים נשמעת תמיד, ות־
פלת היחיד יש עליה מעכבים ומונעים ומערערים, ועז"א פנה
אל תפלת הערער ולא בזה את תפלתם, תפלתם לא בזה אבל
היחיד יש עליו מעכבין. ויש לאדם לעיין במ"ש בשמואל ויפ־
קדם בבזק:

Y no penséis que hay un ángel intermediario entre
Israel y su padre que está en los cielos, pero el gran ángel
cuyo nombre es Sandalfón es el que está a cargo de las
dos llaves de los dos nombres que son *IHVH Adonai*
que forman *Iadonehi*, y él abre las puertas de la justicia,
y ya sabías que *Adonai* es el final de la oración y ciertamente viene a apegarse al nombre de *Adonai* y está solo,
necesita que le abran las puertas, y si no se abren, su
oración se pospone, y por eso está escrito: «Ábreme las
puertas de la justicia, etc.»,[49] y está escrito «Alzad oh
puertas, etc.»,[50] y cuando la persona se adelanta y reza

---

49. Véase *Salmos* CXVIII-19.
50. Véase *Salmos* XXIV-7.

de noche no tiene fuerzas para abrirle las puertas solo por la noche, y éste es el encargado llamado «rayo» que guarda la oración hasta que llegue el momento de la apertura de las puertas de la justicia, ya que las llaves están en las manos de Sandalfón pues la oración de muchos siempre es escuchada, y la oración del individuo tiene retrasos y la vocaliza y se opone a ella, a propósito de esto se volvió hacia la oración llorando «ha mirado la oración de los solitarios y no desprecia su plegaria»,[51] su oración no está en ella pero la individual tiene obstáculos. Y una persona tiene que reflexionar en lo que está escrito en Samuel «y los contó en Bezek».[52]

וצריך אני לעוררך בענין גדול ולומר, כי האדם יש לו אצבעות בידים וברגלים, אבל (בידים) [בהם] נאמר (להם) כידי אדם, והטעם כי יש להחיות אצבעות ידים ולא אצבעות רגלים, לפי שאצבעות הידים מורות על מחנות טהורות ואצבעות הרגלים מורות על מחנות של טומאה. והנה כתות מלאכי מעלה אין בהם יצה"ר, ולפיכך אין שם אצבעות רגלים וכה"א רגליה יור־דות מות.

Y yo necesito desvelarte un gran asunto y decirte que el hombre tiene dedos en las manos y en los pies, pero (a propósito de las manos) se llaman «manos de hombre»,[53] y la razón por la que hay en las *Jaiot* dedos de las manos

---

51. Véase *Salmos* (CII-17).
52. Véase 1 *Samuel* XI-8. *Bezek* significa «rayo».
53. Véase *Ezequiel* I-8.

pero no dedos de los pies es que los dedos de las manos indican los campamentos de la pureza y los dedos de los pies indican los campamentos de la impureza.[54] Y he aquí que las secciones de los ángeles de arriba no tienen a *Ietzer haRa*[55] en ellos y por lo tanto no hay dedos de los pies y está escrito «sus pies descienden a la muerte».[56]

והנה האדם מצוייר בכל מיני צורות שנבראו למעלה ולמטה בעולם המלאכים והשמים והארץ וכל מינים שבהם, וזהו סוד נעשה אדם בצלמנו כדמותנו, וגם באדם משוכלל כל הצורות עליונות ותחתונות טהורות וטמאות, ולפיכך באדם מצויירות אצבעות ידים ורגלים, ובחיות אינם כן שאין שם צורת אצבֿעות רגלים, והבֿן.

Y he aquí que el hombre es la forma de todo tipo de formas creadas arriba y abajo en el mundo de los ángeles y el cielo y la Tierra y todas las especies en ellos, es el secreto de «hagamos al hombre a nuestra imagen según nuestra semejanza».[57] Y también en el hombre se perfeccionan todas las formas superiores e inferiores, puras e impuras. Y por lo tanto en el hombre están representados los dedos de las manos y los pies, y en las *Jaiot* no lo están para que no haya forma de dedos de los pies, y entiéndelo.

---

54. Que corresponden a las diez sefirot puras y a las diez sefirot impuras.
55. La Mala Inclinación, de donde procede la impureza.
56. Véase *Proverbios* V-5.
57. Véase *Génesis* I-26.

וכבר הודענוך בכל מקום שתשמע צורת יד או צורת דבר
שלא נאמר שאלו הדברים הם כדמות אדם אברי האדם,
אלא הם צורות רוחניות עליונות, מייחסות מעשה הפעולות
לעינים ולאזנים לידים ולרגלים, ולא צורת אברים ותבניתם,
ושמר זה מאד:

Y finalmente te informo de que en todas partes donde oirás hablar de la forma de una mano o la forma de algo que no se ha dicho, que estas cosas son como la figura humana y órganos humanos, más bien son formas espirituales supremas,[58] que atribuyen las acciones a los ojos y los oídos, a las manos y los pies, y no la forma de las extremidades y su configuración, y guarda bien (esta enseñanza).

ודמות החיות מראיהן כגחלי אש. ודמות החיות, במקום זה
אינו מדבר בצורה אלא במראיהן, ולפיכך אמר מראיהן כג־
חלי אש, לפי שכבר אמר למעלה ודמות פניהם פני אדם,
אבל בכאן הזכיר והודיע שאין צורתן צורה גופנית כצורות
שלמטה, אבל מראיהן כגחלי אש, וגחלי אש נקר' אופנים,
לפי שבאופנים נתבדלו החיות להודיע מראיהן ומעלותן ופ־
נימיותן, והנה האופנים הן המראות שמתוכן החיות נראות
ומושגות:

58. Véase a este respecto *Las Puertas de la Luz* (*Shaarei Orah*), 2b. Ediciones Obelisco, Rubí, 2023.

«Y la semejanza de las *Jaiot*, su parecer era como de carbones de fuego».[59] Y la semejanza de las *Jaiot*, en este contexto no habla de forma sino de apariencia, y por eso dice «como carbones de fuego», como hemos dicho anteriormente. «Y la figura de sus rostros era rostros de hombre»,[60] pero aquí mencionó y anunció que su forma no es una forma física como las formas de abajo, pero su apariencia era como de carbones de fuego, carbones de fuego llamados *Ofanim*, según la manera en que los animales se distinguían por su apariencia, virtudes e interioridad, y he aquí que los *Ofanim* son las visiones a través de las cuales las *Jaiot*, vistos y comprendidos.

בוערות כמראה הלפידים הם חשמלי"ם קטנים תחתונים, כמ"ש בחשמ"ל ממראה מתניו ולמעלה. ומ"ש בוערות, כלו־ מר השפעת כח אצילות מהם לכמה חיילות ומחנות לקבל כח השגה ומראה:

«Como parecer de hachones encendidos»[61] son *Hashmalim*,[62] pequeños inferiores, lo que está escrito a propósito del *Hashmal* «que lucía como fuego dentro de

---

59. Véase *Ezequiel* I-13.

60. Véase *Ezequiel* I-10.

61. Véase *Ezequiel* I-13.

62. Entidades angelicales, según Rashi y ocupan el cuarto rango de diez en la exposición de Maimónides de la jerarquía angelical judía. También reciben la denominación de «dominaciones».

ella».[63] Lo que está escrito «incandescentes»,[64] es decir, el derramamiento del poder de *Atzilut* de ellos a algunas fuerzas y campamentos, para recibir realización y visión.

היא מתהלכת בין החיות, אלא היא (יונתי תמתי) [יונתו תמתו] והיא הנותנת בכלם כח וקיום ושפע וחיים והעמדה ונגה, זה נגה שהוא סוד ענין גוונים של מיני צבעונים, כי הצ־ בעונים לפי מיני השפע והאצילות הנמשך, ויש צבע שחור, או תכלת, או ירוק, או אדום, או ירקרק, או אדמדם, או ארגמן, ויש מיני לבן, וכל מיני צבע, ומראה גוון כלם כפי כח הסד־ רים העליונים, ונגה זה נמשך מצד ימין ומתאחז עם השמאל והשמאל עם הימין והאש מלהטת ונוצצת מאותו הנוגה, ומאותו הנוגה יגיה זוהר כאבן ספיר בהגיע כח זוהר אדמי־ מותו אז האבן מצטבעת בשני גוונים, לפי שבתחלה היתה גוון חשוך וכשפוגעת בנוגה אש מימין ומשמאל מתנוססת כמראה לבן מצד הימין וכמראה האודם מצד השמאל, ואין הלובן שבצד הימין גמר היופי עד שמתערב בו האדם שמצד השמאל, ואז נעשה המראה צח ואדום, ואז האותיות מתנו־ססות בז"ק, וזהו צבע המראות לשאר כל הצבעים:

«Andaban entre las *Jaiot*»[65] pero ella es (mi cándida paloma) [su cándida paloma] y ella quien les da todo poder y existencia y abundancia y vida y permanencia y claridad, es la claridad que es el secreto de las sombras de los colores, porque los colores según los tipos de *She-fa* y emanación que huyen, y hay un color negro, o azul,

---

63. Véase *Ezequiel* I-27.

64. Véase *Ezequiel* I-13.

65. Véase *Ezequiel* I-13.

o verde, o rojo, , o verdoso, o rojizo, o carmesí, y hay
tipos de blanco, y todo tipo de color, y la apariencia de
cada color depende del poder de los órdenes superiores,
esta claridad proviene de la derecha y se aferra a la izquierda y la izquierda con la derecha y el fuego es ar-
diente y centelleante de la misma claridad, y de la misma
claridad brillará como una piedra de zafiro. Cuando
llegue el poder radiante de su rojez, entonces la piedra
se colorea en dos tonalidades, según lo cual en un principio había una tonalidad oscura y cuando golpea a la
claridad el fuego de derecha e izquierda se experimenta
como un espejo blanco a la derecha y como un rubí a la
izquierda, y no hay blancura en el lado derecho de la belleza hasta que interviene la persona del lado izquierdo,
y después, la apariencia se vuelve pura y roja, y luego las
letras se experimentan en el relámpago, y, éste es el color
de los espejos para todos los demás colores.

ומן האש יוצא ברק. זהו מקום תולדת המראות והצבעונין
יעשה הדרך הזה הנקרא ברק, והיא מצטבעת בי"ב מראות,
וזאת אשר דבר להם אביהם ויברך אותם וגו' כי בירך אותם
בי"ב גבולי אלכסון:

«Y del fuego salían relámpagos».[66] Éste es el lugar de
las generaciones donde nacen las visiones y los colores;
de este modo hará que se llame relámpago, y se colorea

---

66. Véase *Ezequiel* I-13.

con doce visiones, «y esto fue lo que su padre les dijo, y los bendijo, etc.».[67] Porque los bendijo con los doce límites del ángulo.

ודע כי בהפגיע מראיהן בז"ק כפי מראות שיפגעו בו כפי מראה כל הצבעונים ומראיהן. ודע כי יש מצד לובן העליון מיני לובן הרבה גבוה מעל גבוה, והם נחלקים לע"ב מראות לובן, (ותם בלק וארג' בד' פ' של תפילין) וכנגד אלו מראות הלובן יש מראות נגעים שתים שהן ארבע, וכלם לבנים הם זה למעלה מזה, והם נחלקים לע"ב בסולם הלובן לע"ב מראות, וזהו ששנינו מסכת נגעים ר' דוסא בן הרכינס אומר מראות נגעים ל"ו עקביא בן מהללאל אומר ע"ב, ומכאן נארגין מראות הלובן מצד אברהם שהוא סוד החסד, וזהו סוד הלו־ בן, ונאחזים ביצחק מצד שמאל, כי יש מן האש שהיא אדו־ מה מתנוצצת, ויש נוטה לשחרות, ויש אדומה עכורה, ויש שחורה נוטה לבהירות, ויש שחורה תנועת, ויש שחורה חזקה נק' אפלה, בהגיע אליה מיני המים והלובן ומיני האש והאור בינונית כפי שיפגעו באבן ספיר בסוד הנגה והברק, כי יולדו בעולם בד' מיני צבעונין למיניהן והיא בקשת שהוא כולל הג־ וונים ומראה הצבעונים, שהוא סוד הברק.

Y has de saber que en la sensibilidad de la visión del rayo como espejos, lo dañarán como la apariencia de todos los colores y su apariencia. Y has de saber que hay en el lado de la blancura superior una especie de blancura mucho más elevada por encima de lo alto, y están

---

67. Véase *Génesis* XLIX-28.

divididos en 72 visiones blancos, (y completó Balak con las 4 secciones de los *Tefilín*) y en correspondencia con estas visiones de blancura hay dos espejos relucientes que son cuatro, y son todos blancos uno encima del otro, y están divididos en 72 por la escalera blanca de los 72 espejos, y es esto lo que Rabbí Dosa ben Hirkanos dice en *Masejet Negaim*[68]: «los colores de las manchas son 36, Akavia ben Mahalel dice: son 72». Y desde aquí se tejen las visiones de blancura de parte de Abraham, que es el secreto de *Hessed*, y éste es el secreto de la blancura, y la herencia de Isaac del lado de la izquierda, porque hay en él un fuego que es rojo brillante, y hay una tendencia a ennegrecer, y hay un rojo turbio, y hay un negro que tiende a brillar, y hay un movimiento negro, y hay una fuerte mancha negra oscura. Cuando se trata de eso, los tipos de agua y blancura y los tipos de fuego y luz son medios, ya que dañarán el zafiro en el secreto de la claridad y el relámpago. Porque nacerán en el mundo en cuatro clases de colores y ella pidió que incluya las tonalidades y apariencia de los colores, que es el secreto del relámpago.

והנוטה לדעת קצת איך נארגים ג' שמות וכנויו שזכרנו בפֿ־
סוק ויהי בשלשים שנה ידע סוד אריגת המראות והצבעונין
במרכבה בסוד הנוגה והאש והברק והאבן, המבין עיקרים
אלו יבין סוד מרכבו ארגמן כלול בכל הגוונים ומיני צבעונין:

---

68. En el tercer tratado talmúdico del orden de *Tohorot*. En I-4 dice: «los colores de *Negaim* son 36».

Y prepárate para conocer un poco cómo tejer los 3 nombres, y el apodo[69] mencionados en el versículo «y fue a los treinta años»[70] conoció el secreto del tejido de las visiones y los colores de la *Merkavah* en el secreto del resplandor y el fuego y el rayo y la piedra. Aquel que comprenda estos principios comprenderá que el secreto de la composición del *Argamán* se incluye en todos los matices y clases de color.

ומין סוף אצילות והשכת השפע בסדר ושוב רצוא וההחיות
רמוז בפסוק זה:

Y las *Jaiot* iban y venían (רצוא ושוב) en el orden de la *Shefa* continua y la *Atzilut* infinita aludida en este versículo.

ודע כי יש חיות חצוניות ונק' קודש והם נקשרות בכסא. ויש חיות פנימיות אין להם שיעור וגוון נברא, ומתוך השגת החיות החצוניות אדם נכנס ומסתכל מעט מתוך אספקלריא שאינה מצוחצחת להשיג רמז בצד בפנימות.

Y has de saber que hay *Jaiot* externas y hembras sagradas y están atadas al trono. Y hay *Jaiot* internas que no tienen límite ni color creado, y fuera del alcance de las *Jaiot* externas entra un hombre y se mira levemente

---

69. O sobrenombre.
70. Véase *Ezequiel* I-1.

en un espejo (*Aspeklaria*) sin pulir para obtener en el costado una alusión de interioridad.

והנני מבאר והחיות רצוא ושוב מרוב תשוקת החיות לקבל שפע ואצילות מן המקור הנק' מקור חיים אין להם השקט ומרגוע אפי' רגע א', מרוב החשק והחיבה להדבק במקום יסודם ולשאוב ממעייני החשוק והקיום והכבוד והטוב, אינם שוקטות אפילו רגע א', ורצונם ליכנס לפני ולפנים ולהדבק במאור כל הטוב, וכשמגיעות למקום גבול השגתם חוזרות מיד לאחור שאין להם יכולת ליכנס בפנים ממחיצתן, ובשובם לאור מיד ירעבו ויצמאו וישתוקקו לחזור ולהדבק ולשאוב ממקור החפץ, ולפיכך אין להם סעד וסמיכה ועמידה אפילו רגע אחד, וזה דרכם לעולם יומם ולילה, וזהו הרמז לכל סדרי הספירות העליונות בסוד א"ס, וכל מיני מחנות מעלה אצל הש"י, וכן כל או"א מכל מחנות העליונות, וזהו סוד תנועת השמים תמיד לפי עובי גסותם אצל המחנות העליונות שלמ־
עלה מהם, אעפ"כ מרוב תנועתם ותשוקתם לשאוב ממעייני הישועה כל אחד לפי מינו סובבים תמיד ומקיפין מנין סבו־
בם ותקופתם ועשה רצון הש"י בכל הנבראים מתוך תתנועת כל א' וא' מן המחנות העליונות הנקראים חיות חצונות מתוך אותה המחיצה הנק' רצו"א מקבלת שפע וקיום וברכה מן הספירות, וכשהוא אומר ושוב חוזרות ומשפיעות מאותה הברכה והשפע והקיום שקבלו למה שלמטה מהם, וכן כל מעלה ומעלה מן המערכות העליונות פועלות בסוד רצוא ושוב, וסימניך ודבר ה' אל משה פנים אל פנים ושב אל המ־
חנה:

Y te estoy aclarando que las *Jaiot* iban y venían (ושוב
רצוא) en gran número y el deseo de las *Jaiot* es recibir
Shefa y emanación de la fuente de la hembra, la fuente
de la vida; no tienen silencio y tranquilidad, ni siquiera
un momento, debido al mucho deseo y el anhelo y el
compromiso de aferrarse a su lugar fundamental y extraer de las fuentes del deseo, la existencia, el honor y la
bondad, no callan ni un momento, y tienen ganas de
entrar dentro y aferrarse a la luz de todo bien. Y cuando
llegan al lugar en el que han alcanzado su límite, inmediatamente retroceden y no tienen la capacidad de entrar
dentro de su propio límite. Y cuando regresen a la luz,
inmediatamente morirán de hambre y sed y anhelarán
volver, quedarse y extraer de la fuente del deseo. Y, por lo
tanto, no tienen alivio y engrosamiento y permanecen de
pie incluso por un momento, y éste es su camino hacia el
mundo día y noche, y ésta es la alusión a todos los órdenes de las Sefirot superiores en el secreto del *Ein Sof*, y
todo tipo de campamentos arriba cerca del Nombre,
bendito sea, y de este modo todos los padres y las madres
de los campamentos superiores, y éste es el secreto del
movimiento del cielo siempre de acuerdo con el grosor
de su aspereza en los campamentos superiores por encima de ellos, según la abundancia de su movimiento y su
deseo de extraer de las fuentes de la salvación cada uno
según su género siempre gira y abarca de dónde provie-
nen su rotación y período, y hacen que la voluntad del
Nombre, bendito sea, en todas las criaturas fuera de mo-

vimiento cada uno de los campamentos superiores llamados *Jaiot* externas de la misma partición la hembra recibe abundancia de *Ratzó*, estabilidad y bendición de las Sefirot, Y cuando dice *veShov* repite e influencia desde la misma bendición y abundancia y existencia que recibió de lo que está por debajo de ellos Y todos los peldaños de los órdenes superiores en el secreto de *Ratzó veShov*,[71] y la señal es «Y hablaba el Eterno a Moisés cara a cara, como habla cualquiera a su amigo. Y se volvía al campamento».[72]

וזהו סוד מחיצת כל המחנות השכליות העליונות לקבל שפע וקיום ותשוקתם להשפיע בזולתם. וזהו (סדר) [סוד] תנו־ עת השמים לכל מיניהם ולכל צבאותם והככבים במסילותם למיניהם מהלכם ומרוצתם כולם רצים ומשתוקקים לשאוב ממעייני החפץ העליון, ושואבים במרוצה וחוזרים ומשפיעים בזולתם, ואז כל המערכות העליונות ותחתונות מתקיימות על סדר מעשה בראשית, וכלם נזונות ומתפרנסות בסוד רצוא ושוב, ומזה הדרך ילכו המעיינות ויולידו ויצמיחו מיני הצמ־ חים כל אחד לפי מינו, ויתגדלו כל מיני צמח (וכתיב) למי־ ניהם, והכל נעשה מצד תשוקת החיות עליונות בסוד רצוא ושוב.

---

71. Según los *Tikkunei haZohar* (109a) «*Ratzó* es Nuriel, *veShov* es Metatrón, el Ministro del Rostro». Los cabalistas nos enseñan que la guematria de *Razó veShov*, 611, es la misma que la de *Torah*.

72. Véase *Éxodo* XXXIII-11.

Y éste es el secreto de la separación de todos los campamentos intelectuales superiores para recibir *Shefa* y estabilidad y su deseo de influir en los demás. Y este (secreto) es el (secreto) del movimiento del cielo para todas las especies y para todos los ejércitos, y las estrellas en sus diversas órbitas se mueven y se complacen todas corriendo, deseosas de extraer de las fuentes del deseo superior, y extraer *Raztó* y seguir influyendo en los demás, entonces todos los escuadrones superiores e inferiores tienen lugar en el orden de la obra del *Génesis*, y todos se alimentan y se enriquecen en el secreto de *Ratzó veShov*, y de esta manera los manantiales irán y darán a luz y harán crecer las especies de plantas cada una según su especie, y crecerá todo tipo de plantas (y está escrito) de varios tipos, Y todo se hace del lado del deseo de las *Jaiot* superiores en el secreto de *Ratzó veShov*.

וזהו סוד תקנת הנבראים ופרנסתם וקיום כל בני עולם, והנכ־
נס לדעת עקרים אלו ידע היאך כל המחנות העליונות ששים
ושמים לעשות רצון ה', ולשאוב ממעייני ישועה הנובעים
כמה מיני מבועים וכמה צנורות ישפיעו אלו על גב אלו.

Y éste es el secreto de la rectificación de las criaturas y de su sustento y de la existencia de todos los pueblos del mundo. Y el que entra a conocer a estos principios sabe que todos los campamentos de arriba son sesenta y el cielo para hacer la voluntad del Eterno y para extraer de los manantiales de salvación que brotan de todo tipo de pozos y de varios canales vinculados los unos con los otros.

ויש רצוא ושוב למעלה מרצוא ושוב. ויש מרוצה מתאחרת שממנה יתברכו כל הנבראים ברכה שלמה וימצאו נחת רוח ומרגוע והשקט וששון ושמחה:

Y hay *Ratzó veShov* por encima del *Ratzó veShov*. Y hay en *Ratzó* de quien serán bendecidas con una bendición completa todas las criaturas y encontrarán tranquilidad y serenidad y silencio y paz y alegría,

תושלב"ע:

Acabado y concluido, ¡Alabado sea Dios, Creador del mundo!

ÍNDICE